아버지
당신의 이름으로
나는 오늘도
숨을 쉽니다

아버지 당신의 이름으로
나는 오늘도 숨을 쉽니다

초판 1쇄   2025년 1월 10일

지은이   고현미
펴낸이   이규종
펴낸곳   엘맨출판사
등록번호   제13-1562호(1985.10.29.)
등록된곳   서울시 마포구 토정로 222
          한국출판콘텐츠센터 422-3
전화   (02) 323-4060, 6401-7004
팩스   (02) 323-6416
이메일   elman1985@hanmail.net

ISBN   978-89-5515-804-5 03230

이 책에 대한 무단 전재 및 복제를 금합니다.
잘못된 책은 구입하신 서점에서 바꿔드립니다.

값 16,000 원

아버지
당신의 이름으로
나는 오늘도
숨을 쉽니다

고현미 지음

하나님의 사람을 **엘맨**
만들어 가는 ELMAN

추천사

- 믿음은 인생의 어두운 동굴에서 보화를 발견하게 만든다. -

"하나님은 인생 중에 고난의 동굴에 갇힌 절망의 순간에도 함께하셨습니다. 안개가 짙게 깔려 앞이 보이지 않아 비틀거릴 때에도 나를 붙들고 계셨습니다. 만난 문제의 답을 찾지 못해 답답해할 때에도 답을 갖고 인도하셨습니다. 모두가 떠나고 홀로 외로이 남겨져 있을 때에도 '임마누엘' 하셨습니다. 거친 환난의 바람에도 방패가 되어 주셨습니다. 갖은 고초에도 나를 생명싸개로 보호해주셨기에 여기에 서 있습니다."

이 책은 고현미 집사님이 하나님을 만나고 그분의 따스한 사랑을 체험한 이야기입니다. 이 책을 읽으면 하나님께서 인생을 이끌어가시는 방법과 지혜를 깨닫게 됩니다. 하나님을 더욱 신뢰하고 고난의 동굴에서 축복의 보화를 발견하게 됩니다. 하나님에 대한 신앙고백이 분명해지고 가슴에 맺힌 응어리들이 풀어지면서 부정적인 삶이 긍정과 기대로 바뀔 것입니다.

누구나 아픈 과거가 있습니다. 어린 시절에든지 아니면 성인이 된 후에 자신에게 일어난 어두운 과거를 대부분 감추려고 합니다. 그 이유는 사람들의 시선과 약점 잡히는 것이 두려워서 그럴 것입니다.

"수고하고 무거운 짐 진 자들아 다 내게로 오라 내가 너희를 쉬게 하리라."(마 11:28) "진리를 알지니 진리가 너희를 자유롭게 하리라."(요 8:32) 회개하지 않고 하나님 앞으로 나오지 않으면 여전히 죄의 짐에 눌린 채로 살아가게 됩니다. 과거의 상처와 두려움에 사로잡혀 참 자유와 기쁨을 누리지 못합니다.

이 책에는 회개하는 자에게 주시는 하나님의 풍성한 은혜와 쉼의 축복을 누리는 공식이 담겨져 있습니다. 하나님을 만나는 방법과 하늘의 참 평안과 기쁨 그리고 그분의 온전한 사랑을 경험하는 방식이 들어있습니다. 진리 안에서 누리는 자유와 행복의 진가를 알려줍니다. "나의 사랑, 나의 어여쁜 자야 일어나서 함께 가자"라는 주님의 음성을 들려줍니다(아 2:13). 하나님을 만나고 새로운 삶과 신앙생활을 시작한 집사님을 소개함이 한없는 기쁨입니다. 집사님을 통하여 지금도 영적 전쟁과 처절한 인생가운데 있는 사람들이 하나님을 만나고 큰 희망과 용기를 얻게 되기를 축복합니다. 할렐루야 ~

박응순 목사
(주안중앙교회 당회장)

내 안의 작은 아이를 사랑하며
살아가는 고현미 작가

조연수 시인

몇 년 전 인천 발달장애 지원 센터에서 그를 처음 만났다. 00 엄마라고 소개하며 웃는 모습이 인상적이었다. 함께 나눔을 하고 글쓰기를 하는 동안 쓸 것이 없다면서도 자신의 이야기와 딸의 이야기를 담담히 풀어냈다. 자신의 어린 시절 이야기며 딸아이의 장애 이야기, 자신의 현재 삶의 이야기까지 솔직하게 써 내려갔다. 힘겨운 이야기를 하면서, 때론 외롭고 길 것 같은 두려움의 이야기를 하면서 살짝 눈물짓기도 했으나 다시 환하게 웃음으로 마무리하는 모습이 인상적이었다. 거룩한 사람의 표정이 바로 이렇지 않을까 생각했다. 언젠가 책에서 이런 구절을 읽었다. 거룩한 사람이란, 침울하고 조용하고 묵직한 사람이 아니라, 유머가 있고 웃을 수 있는 사람, 기쁨으로 자신의 삶을 볼 수 있는 사람, 그런 사람이 거룩한 사람이라고 말했다. 고현미 작가를 떠올리는 구절이었다.

고현미 작가가 꾸준한 글쓰기를 하는 모습은 훌륭하다. 누군가는 그저 그런 경험으로 치부해 버렸을 어떤 일들을 자신의 삶으로 개입시키고 자리를 펼쳐나가는 모습, 용기와 사랑의 힘, 열정이 느껴지는 모습이다. 그런 용기를 내려면 자신의 내면의 소리를 들을 수 있어야 한다. 고현미 작가의 장점은 바로 자신의 목소리를 들으려고 애쓴다는 점이다. 그가 쓴 여러 편의 글 중에 <김밥>이라는 글을 잊을 수가 없다. 엄마가 없어서 할머니가 싸 준 미나리 김밥 도시락, 친구들의 김밥과는 비교도 되지 않는 도시락을 먹었을 작은 아이. 다른 사람이 볼까 봐 뚜껑으로 숨겨가며 먹었을 안쓰러운 작은 아이. 그 아이를 떠 올리며 시 한 편을 썼다.

자라지 않는 아이

조연수

행복은 불행 뒤에 온다는 걸 알아 버린 날
엄마가 떠나고 아빠가 떠나고
할머니는 소풍마다 미나리 김밥을 쌌다
눅눅한 김은 진득이고 미나리는 빠져나와 초록초록했다
설핏 햇살이 비치는 소나무와 바위 사이
일인용 돗자리에 고요하게 놓인 도시락
누군가 쳐다 볼까 열지도 못하는 도시락
작은 손이 왔다 갔다 뚜껑을 열었다 닫았다
오물거리며 숨을 참으며 먹던 미나리 김밥

작은 키, 작은 머리, 작은 발, 작은 입, 작은 얼굴, 작은 마음,

작은 도시락,

작은 가방, 작은 신발, 작은 하늘, 작은 나무, 작은 우울, 작은 슬픔,

그날의 고요는 자라지 못한 채 다리는 길어지고 키가 컸다

십수 년이 지난 오늘 참치김밥을 먹다가

불쑥 튀어나온 작은 마음

도시락 뚜껑을 열지 못하고

어깨를 들썩이며 울던 작은 아이가 된다

영원히 자라지 않을 것 같았던 작은 도시락

오늘은 슬며시 김을 펼쳐 김밥을 싼다

새초롬한 단무지를 올리고 깻잎을 펼치고 돌돌돌 말아 볼까

작고 작았던 순간을 키워준 너를 위해

창밖에 벚꽃이 흐드러진 봄이다

고현미 작가를 보며 많은 사람이 용기를 갖길 바란다. 자신의 지난 시간을 통해 자신을 사랑하고 자신을 바로 보는 시간이 되기를 바란다. 더불어 고현미 작가가 더욱 정진하여 좋은 글을 써 나가리라 믿어 의심치 않는다. 열정과 사랑을 펼칠 그의 시간을 위해 기도한다.

차례

책을 만들며

오래전 막연하게 이런 생각을 해보았습니다.

내 삶의 여정이 불안할 만큼 파도치는 것 같아 만약 나의 삶에 파도가 잠잠해지고 뒤돌아보아도 아프지 않을 것 같은 날이 온다면, 옛날이야기처럼 아무렇지 않게 내가 그런 삶을 살았었지 되뇌며 나의 인생을 담은 책 한 권 만들고 싶다는 생각을 했습니다.

하지만 어디까지나 생각일 뿐 정말 책을 만들 거라고는 상상조차 하지 못했습니다.

2021년 막연하게 글을 쓰게 되었고 한 페이지 두 페이지 모아져 책 한 권이 탄생했습니다.

글 쓰는 취미가 없었던 나에게 하나님은 글 쓰는 모임에 나를 보내주셨고 그곳에서 작가님과 함께 글 쓰는 방법을 배우며 책을 만들었습니다.

책을 만들어 보니 오래전 막연하게 생각만 했었던 나의 인생 스토리북을 만들어 봐야겠다는 용기가 생겼고 스토어에서 책 만드는 앱을 다운받아 무작정 글을 쓰기 시작했습니다.

어린 시절부터 지금까지 나의 살아온 삶을 써 내려가는데 왜 그렇게 아프고 힘든 삶을 살았는지 그 아픔을 어떻게 견뎌내며 하루하루 살아왔는지 나는 그때로 돌아가 같이 아프고 같이 힘들어하며 글을 썼습니다.

그렇게 몇 개월 동안 글을 써 내려가는데 어느 순간부터 내 인생에 하나님이 등장하기 시작했고 하나님이 등장한 순간부터 하나님이 빠질 수 없는 글이 되었고 처음 생각했던 나의 인생 스토리북이 아닌 하나님과 함께한 인생, 하나님을 만난 이야기 간증 책이 만들어졌습니다.

그렇기에 나만 소장하고자 했던 책은 하나님의 은혜로 많은 부수의 책을 제작하게 되었고 많은 사람들에게 은혜를 나누어 준 귀한 책이 되었습니다.

책을 제작한 후 간증을 다니며 책을 판매했고 책이 다 판매되고 없는 이 시점에 하나님은 출판사를 통해 책을 출간하라는 마음을 주셨습니다.

나는 순종하는 마음으로 책 출간을 놓고 기도하며 다시 글을 씁니다.

책을 만들고 나서 하나님이 부어주셨던 은혜가 얼마나 컸는지 하나님의 사랑을 더 깊이 느끼게 되었고 "이제야 살아계신 하나님을 만났습니다." 고백이 나올 만큼 나는 말할 수 없는 하나님의 은혜를 경험했습니다. 그렇기에 지금 출간할 책은 처음 쓴 글을 이어 더 많은 간증을 담아내려고 합니다.

이 책을 통해 많은 사람들에게 은혜가 되고 힘든 누군가에게는 희망이 되는 구원의 통로가 되길 기대하며 책이 탄생할 그날을 기대해 봅니다.

글이 되어 오신 하나님

책을 만드는 시간을 앞으로 당기신 하나님, 지금의 시간은 내가 생각한 만큼 괜찮지가 않았다. 믿음으로 견고히 서 있지 못했기에 불안정한 내가 어떻게 하나님을 만났다고 글을 쓸 수 있는지 고개를 절레절레하면서 이상하게 글을 계속 쓰고 있는 나를 보았다.

나는 책을 만드는 과정 속에서 그리고 다 만들고 나서야 알게 되었다. 내가 지금 믿음이 온전하든 온전하지 못하든 이 시간 책을 만들게 하신 건 하나님이 계획하신 일이라는 걸. 지금까지 내가 만났다고 자신 있게 말했던 하나님, 그런데 나는 그 하나님의 마음을 몰랐다.

그렇기에 하나님은 나에게 글을 통해 당신을 나타내셨다. 당신이 아주 오랜 시간 이미 나의 삶 속에 들어와 계셨다고

나는 글을 써 내려가면서 그리고 완성된 글을 읽은 후 그분이 보이기 시작했다.

내 삶 어디에도 하나님이 안 계신 적이 없었지만 보이는 환경에만 급급해 그분의 존재를 피부로 느끼지 못했다.

그분이 지금 책을 만들게 하신 이유는 당신이 직접 글이 되어 나를 만나러 오시기 위함이었다.

나는 아직 때가 아니라고 하나님께서 글을 쓰게 하신 시간을 외면하고 순종하지 않았다면 여전히 그분을 만나지 못했을 지도 모른다.

나는 하나님을 깊이 알지 못하고 램프의 요정처럼 내가 답답할 때 필요할 때 기도하면 소원을 들어주는 그런 하나님으로만 알았을지도 모르겠다.

기도에 응답 주시면 하나님이 계시고 응답 주시지 않으면 하나님이 안 계신 것 같다고 불평하는, 그러면서 나는 하나님을 만났다고 말하는 교만한 신앙인이 되었을지도 모르겠다.

하나님을 만나니 예수님의 십자가 사건이 내 마음을 울린다.

그 위대한 사랑을 왜 난 이제야 알았을까?

가슴이 저미듯 아파 눈물이 흐른다.

그분의 마음이 이제야 보이니 너무 죄송했다.

그럼에도 이렇게나 아둔하고 미련한 나를 사랑하시고 지금껏 기다려 주신 그 사랑에 너무 감사했다.

나는 글을 쓰면서 그분께 고백한다.

하나님 마음을 너무 늦게 깨달은 이 죄인 이제는 하나님을 증거하며 살겠습니다.

우리를 너무나 사랑하시는 하나님 마음을 많은 사람들에게 전달하겠습니다.

이제는 어떤 이유에도 내 뜻이 이루어지지 않는다고 따져 묻지 않겠습니다.

세상에 마음 빼앗겨 주님을 놓치고 사는 미련한 신앙인이 되지 않겠습니다.

하나님은 세상과 바꿀 수 없는 제 인생에 가장 소중한 분이기 때문입니다.

고백

하나님 아버지 나는 행복합니다.

당신을 몰랐던 시간
모진 비바람 맞고 만신창이로
세상 끈을 놓고 싶을 때
당신을 만났습니다.

그 품이 얼마나 넓고 따뜻한지
나는 위로를 받고
사랑을 받았습니다.

당신 앞에서 한없이 부족한 나는
어린아이처럼 투정도 부리고
사춘기 소녀처럼 반항도 하고
내 멋대로 살겠다고 고집도 부리지만
항상 그 자리에서
날 기다려 주셨습니다.

끝나지 않을 것 같은 어둠도
당신의 말씀 한마디면 빛이 보였고

해결되지 않을 것 같은 문제 앞에
두 손 모으고 당신을 찾으면
당신의 능력으로 해결해 주시는
나의 아버지

당신이 나의 아버지여서
아버지라 맘 놓고 부를 수 있어서
나는 행복합니다.

은혜 갚은 까치가 되어

까치는 머리가 피투성이가 되도록 종을 울렸다.

까치가 자기의 목숨을 아끼지 않았던 건 자기 새끼를 살려준 은혜에 대한 보답이었다.

27살의 어느 날
마음에 바람이 차갑게 불어온다.
어느 것도 내 마음에 따뜻한 온기를 넣어 주지 못한다.
머리는 텅 비어있고 두 눈엔 눈물만 흐른다.
왜 살아야 하는지 나는 왜 이 세상에 존재하는지
막연한 슬픔과 가슴속 깊이 시린 아픔이 가시질 않는다.

나에게는 어린 시절부터 따라다녔던 불행의 늪이 있다.
아무리 헤어 나오려 발버둥을 쳐도 헤어 나올 수 없었던 불행의 늪, 그 늪은 나를 계속 저 밑 땅속으로 밀어 넣는다.

내 아이가 지적장애가 있다고 한다.
의사라는 사람이 그것도 아무렇지 않게 말한다.
"지적장애예요."

당신의 말 한마디는 참 짧고 쉽네요.

나는 어떻게 받아들이라고

나는 뭘 어떻게 해야 하는 건데

평생 키울 자신이 없다.

너무 힘들기만 한 내 아이를 나는 사랑을 하기는 하는 것일까? 머릿속에 겁이 잔뜩 차 있는 나에게 누군가 속삭인다.

죽는 것이 낫다고 죽으면 다 끝이 난다고 죽음이라는 두 글자가 나를 사로잡는다.

마귀가 쳐놓은 덫이 생각보다 달콤한 유혹처럼 느껴진다.

사정 없이 죽음이 나를 유혹해 내 머릿속엔 온통 죽을 생각뿐이다.

뛰어내려 죽을까 약을 먹고 죽을까 목을 매달아 죽을까 그럼에도 고통 없이 죽는 방법을 생각한다.

죽음을 선택하는 순간 다시 되돌릴 수 없다는 것을… 나는 악마의 속삭임에 그렇게 다시 돌아올 수 없는 길을 갈 뻔했다.

"예수님 믿으세요."

하나님을 모르고 살았던 내 인생에 하나님이 찾아오셨다. 그분은 죽음의 벼랑 끝에 서 있던 나를, 절망의 늪에 빠진 나를 끄집어내어 주셨다. 내 삶 어디에도 없었던 밝은 빛, 그 빛이 나를 비추어준다. 그 빛은 내 인생 살아오는 동안 한 번도 느껴보지 못한 따뜻한 빛이었다.

내 나이 마흔 살 중반, 내 마음에 따뜻한 온기가 흐르고 나는 그분으로 인해 살아갈 수 있는 사람이 되어 그분을 전하며 살아간다.

누군가 나처럼 아프다면
너무 힘겨워 버틸 힘조차 없다면
빛이신 하나님을 믿으라고 간절함으로 소리 내어 본다.
은혜 갚은 까치가 되어

꿈에서 만난 예수님

세상이 온통 까맣고 어두웠다.

암흑 속에서 갑자기 태양이 나타났다.

아주 빨갛게 이글거리는 태양이었다.

너무 신비해서 멍하니 바라보았다. 잠시 후, 태양 속에 예수님 얼굴이 나타났다.

가시면류관을 쓰신 얼굴에는 상처투성이였고, 그런 예수님은 아래를 향해 바라보시며 눈물을 흘리시고 계셨다.

나는 예수님께 "예수님 왜 울고 계세요?"라고 여쭤보았고, 예수님은 나에게 말씀하셨다.

"저기 밑에 사람들이 보이니?"

나는 깜짝 놀랐다. 셀 수 없을 만큼 많은 사람이 손을 들고 기도를 하고 있었다.

나는 또 예수님께 말씀드렸다.

"예수님, 지금 저 많은 사람들이 예수님께 기도하고 있는데 왜 우시는 거예요?" 그러자 예수님이 말씀하셨다.

"저 많은 사람들이 기도를 하고 있지만 나는 저 사람들의 기도를 다 들을 수가 없구나."

몇 사람의 기도만 내 귀에 들릴 뿐이라며 안타까움의 눈물을 흘리고 계셨다.

나는 이해할 수가 없었다.

기도를 다 들으실 수 없다고? 나는 또 여쭤봤다. 왜 사람들의 기도를 다 들으실 수가 없나요?

그러자 예수님은 이렇게 말씀하셨다.

예수님은 죄가 없는 분이신데 기도할 때에 죄를 가지고 나와 기도를 하니 죄에 가로막혀 예수님은 그 기도를 들으실 수 없다고 하셨다.

그리고 꿈에서 깨어났다.

참 신비하고 의문을 던지는 꿈이었다.

내가 예수님을 꿈에서 만나다니, 지금도 잊히지 않는 아주 생생한 꿈이었다.

내가 이 꿈을 꾸었을 때에는 믿음이 좋을 때가 아니었다.

성경을 잘 알지도 못했고 말씀도 잘 이해하기 힘들었지만, 단 한 가지 이제 막 회개를 하였을 때였다.

나는 궁금해서 도저히 참을 수가 없었다.

내가 다니고 있는 교회 담임 목사님을 찾아가 꿈 이야기를 들려 드리고, 여쭤보았다.

"목사님 사람이 기도하는 데 죄를 가지고 기도한다는 뜻이 무엇인가요?"

목사님은 이렇게 말씀해 주셨다.

인간은 죄를 가지고 있으며, 태어날 때부터 가지고 태어나는 원죄와 이 세상을 살아가며 짓는 자범죄에 대해 설명해 주시고, 우리는 주님께 예배드리고 기도할 때 반드시 우리의 죄를 먼저 고백해야 한다고 하셨다. 또한 마음에 나의 욕심을 품고 기도를 하면 그것 또한 응답받을 수 없는 기도라고 말씀하셨다.

죄를 가지고 기도한다는 것은 회개 없는 기도, 욕심을 품고 잘 못 구하는 기도, 물론 더 여러 가지가 포함되겠지만 나는 이 두 가지의 설명으로 궁금증을 해결 받았다.

그리고 하나님은 그 꿈을 통해 깨달음을 주셨다.

죄를 가지고 기도하는 수많은 사람들 중, 그 한 명이 바로 나일 수도 있다는 것을... 예수님은 나를 불쌍히 여기시고 사랑하셔서 꿈속에 찾아와 알려주셨다.

천지를 창조하신 하나님, 흑암 속에 빛으로 오신 분, 우리를 구원하기 위해 육신의 몸으로 이 땅에 오셔서 죄 없으신 분이 우리의 죄를 다 감당하시고 십자가에 돌아가시고 부활하신 분, 그분께 우리는 기도한다.

가시면류관을 쓰시고 얼굴에는 상처로 피범벅이 되신 그분은 당신의 아픔도 잊은 채, 우리의 기도를 다 들을 수 없다는 안타까움으로 우리를 바라보며 울고 계셨다.

꿈이지만 우리를 향한 예수님의 사랑을 생생하게 느낄 수 있었다.

마음아, 마음아

마음아, 마음아

하늘도 파랗고, 꽃도 피었고
지저귀는 새소리에 기분 좋고

마음아, 마음아 너의 마음엔
꽃이 피고, 파랑새가 날아다니는데
내 마음에는 언제쯤 꽃을 피우려나

학교 가는 길

아이들은 저마다 예쁜 옷과 예쁜 가방, 예쁜 신발을 신고 학교에 간다.

그중, 예쁘지 않은 옷을 입고 낡은 가방, 낡은 신발을 신은 아이가 있다. 심지어 떨어져 너덜거리는 신발은 너무 초라해서 숨기고 싶었지만, 그럴 수 없었던 8살의 나는 학교 가는 길이 멀기만 했다.

학교 가는 길에 준비물을 안 챙겨와 다시 집으로 돌아간다.

그리고 준비물 살 돈이 필요하다고 말했지만, 아빠는 돈이 없다며 그냥 가라고 한다.

준비물이 도화지와 크레파스였던 것 같은데 그 돈도 없었을까?

아마도 이 무렵 엄마가 집을 나가시고 없었던 것 같다.

필요한 준비물을 챙겨줄 엄마도 없고, 아빠는 나의 학교생활에 전혀 관심이 없으셨다.

어쩔 수 없이 그냥 학교로 갔다. 친구들은 준비물을 꺼내 수업을 하는데, 나는 준비물이 없어서 수업을 하지 못했다.

8살의 나는 나의 삶이 너무 싫었다.

내 마음을 닮은 너덜너덜 떨어진 신발, 예쁜 신발 하나 가지고 싶었지만 어디까지나 나의 바람일 뿐이었다.

엄마와 아빠는

행복하지 않았던 우리 집…

엄마는 2남 3녀 중 둘째로 태어났다.

엄마 말씀에 의하면 엄마는 초등학교 1학년을 다니다 중단하셨다고 했다.

왜냐면 산골에 사셨던 엄마는 학교 가는 길이 너무 멀었기 때문이다.

걸어서 두 시간이 걸리니 초등 1학년이 걸어 다니기엔 너무 먼 거리이긴 하다.

또한, 밑으로 줄줄이 동생들이 있어 밭에 일하러 가신 부모님 대신에 어린 나이에 동생들을 업어 키우고, 밭에 가서 할아버지 할머니 일을 돕고, 학교에 가는 대신 집안일을 하며 어린 시절을 보내셨다.

엄마는 꽃다운 나이가 되었을 때 좋아하는 사람이 생겼는데, 부모에게 말하면 불호령이 떨어져 말도 못 하고 속으로 끙끙 앓으셨다.

그때에는 연애한다고 하면 어디 연애를 하느냐고 가만있다가 선봐서 결혼하라고 하셨기 때문에 엄마는 그렇게 아빠를 만났다.

아빠는 초등학교도 못 나온 엄마를 무시했고, 알지도 못하면서 잔소리한다고 소리 지르고, 심지어 생활비도 주지 않으셨다고 한다.

내가 아기였을 때, 고열이 나고 숨이 넘어갈 듯 울어서 엄마는 아빠에게 아기를 병원에 데리고 가야 한다고 병원비가 필요하다 하니, 아빠는 "그깟 애 하나 죽으면 다시 낳으면 되지." 하면서 병원비를 주지 않으셨고, 엄마는 다른 방법으로 돈을 마련해 나를 병원에 데려갔다고 했다.

아빠란 사람 입에서 어떻게 그런 말이 나올 수 있을까?

자식이 물건도 아니고, 나의 상식으로는 정말 이해할 수 없는 일이다.

그럼 돈을 벌어서 어디에 쓰셨을까?

아빠는 월급을 받으면 친구들을 만나서 술을 드시고, 술집에 가서 술집 여자와 놀고, 다방에 다니면서 즐기는데 모든 돈을 쓰셨다.

내가 좀 더 자란 후에, 아빠란 사람이 너무 싫었던 기억이 난다.

엄마가 학교 앞에서 작은 분식집을 할 때 일이었다.

하루는 엄마가 하얀색에 하늘색 무늬가 들어간 원피스를 입고 밖에 나갔다 오셨는데, 엄마는 들어오시는 동시에 아빠가 던진 식탁 의자에 입을 맞았다. 입술이 찢어져 피가 터져 나왔고, 흰 원피스는 피범벅이 되었다.

엄마가 밖에 나가서 바람피우고 왔다고 말도 안 되는 추측으로, 뭐 눈엔 뭐만 보인다더니 그 기억은 지금도 잊히지 않는다.

어린 나에게는 얼마나 충격이었을까?

하루는 아빠가 며칠 만에 들어오셔서 나에게 과자 사 먹으라고 돈을 주셨다.

나는 들뜬 마음으로 슈퍼에 갔고, 과자보다 종이 인형을 더 갖고 싶어 종이 인형을 사 들고 집으로 왔다.

그런데 문 앞에서 한참 망설였던 기억이 난다.

아빠는 내 손에 들려있는 종이 인형을 보고 화를 내시며 내 뺨을 때리셨고, 나는 몸이 휘청하여 장롱에 머리를 부딪혔다.

이유는? 당신이 과자 사 먹으라고 준 돈으로 과자가 아닌 종이 인형을 사 왔기 때문이다.

정말 이기적인 아빠였다.

폭행, 폭언, 여자, 술, 도박, 가정적이지 못한 아빠와의 결혼생활을 견디지 못한 엄마는 어느 날, 동생과 나를 남겨두고 집을 나가셨다.

엄마가 집을 나가시고 얼마나 시간이 흘렀을까?

4살인 동생이 친할머니께 화장실 다녀온다며 나갔는데, 화장실에 간 것이 아니고 밖으로 나간 거였다.

아마도 동생은 엄마가 보고 싶어 거짓말을 하고 나간 것 같다. 동생이 왜 거짓말을 했는지 잘 모르겠지만, 할머니는 아마도 집 나간 엄마가 얄미워 우리에게 엄마 얘기를 꺼내지 못하게 하셨던 건 아닌지... 그리고 사고가 났다.

4살 동생은 차가 위험한 지도 모르고 도로를 건넜고 달리던 트럭은 동생을 발견하고, 빵~~ 경적을 울렸다.

동생은 놀라서 도로에 납작 엎드렸고, 다급하게 멈춰 선 트럭 밑으로 들어가 버렸다.

다행히 동생이 도로에 엎드리는 바람에 아주 큰 사고는 나지 않았지만, 몸은 여기저기 피범벅이 되었다.

감사하게 트럭 운전사 아저씨는 동생을 병원에 데리고 갔고, 가족에게 어떻게 연락이 되었는지 기억이 나진 않지만, 그날 가슴이 철렁 내려앉았던 기억이 잊혀지질 않는다. 동생은 사고로 복숭아뼈를 다쳐 뼈가 드러났고 회복되기까지 한참이 걸린 것 같다.

그리고 그 사고로 동생은 말을 더듬었다.

우산

동생이 투정을 부린다.
엄마가 보고 싶다고
그래… 알았어
엄마를 찾아줄게.

비가 내린다.

하염없이 걸어도

끝은 보이지 않고

누군가 건네준

고마운 우산은

포근하게 엄마가 되어준다.

비 오는 날

동생은 계속해서 엄마가 보고 싶다고 울었다.

4살인 동생은 엄마가 얼마나 보고 싶었을까? 하지만 8살인 나 또한 엄마가 많이 보고 싶었다.

그래서 나는, 동생을 데리고 엄마를 찾아 밖으로 나갔다.

엄마와 버스를 타고 외할머니 집에 간 기억을 더듬어 동생과 함께 그 길을 하염없이 걸었다.

아무리 걸어도 끝이 없었다. 어린 나는 버스를 탄 기억으로 금 방 갈 거라고 생각했던 것 같다.

걸어가다 동생은 배가 고프다고 울었고, 비 또한 추적추적 내 리기 시작했다.

나는 반대편 다리 건너 집이 있는 것을 보았고, 그 집으로 가 상황을 설명하고 밥을 얻어먹었다.

참 좋으신 분들이었다.

안타깝다며 토닥여 주셨고, 우산을 내어 주셨다.

그리고 엄마를 찾아갈 수가 없다는 것을 깨닫고 다시 한참을 걸어 집으로 돌아왔다. 난, 동생에게 미안했다.

집으로 향하는 발걸음은 너무 무거웠고, 엄마가 보고 싶어 눈물이 났다.

엄마도 두고 온 우리를 보고 싶어 하실까?

지금 엄마가 우리 곁에 있었으면 비를 맞으며 엄마를 찾으러 나가진 않았을 텐데, 동생도 교통사고를 당하지 않았을 테고.

그리고, 얼마 후 엄마는 동생이 교통사고가 났었던 사실을 아시고 동생을 데리고 가셨고, 나는 혼자 남겨졌다.

혼자 남겨진 나는 그때 무슨 생각을 했을까? 엄마가 밉지는 않았을까?

혼자라는 외로움

동생도 없고, 할머니 할아버지도 없고, 아빠도 없었다.

할아버지는 내가 어릴 적에 돌아가셨는데 할아버지가 땅에 묻히실 때에, 친할머니 등에 업힌 나는 할아버지 따라간다고 서럽게 울었다고 한다.

내 기억에는 없지만, 아마도 할아버지가 잘해 주시지 않았을까?

그리고 8살 내 옆에는 보살펴줄 엄마도 아빠도 없었다.

아빠랑 둘이 살았지만, 아빠는 일하러 나가시면 며칠이고 어린 나를 두고 들어오지 않으셨다.

어린 딸이 걱정되지 않았을까? 내가 결혼을 해서 자식을 낳아 보니 잠시라도 혼자 둘 수가 없던데… 아빠가 되어서 어떻게 그럴 수 있었는지, 친할머니가 가끔 오셔서 밥을 해놓고 가시면 일주일이고 혼자서 그 밥을 먹다가 어느 때에는 밥솥에 곰팡이가 피었다.

며칠 만에 아빠가 들어오셨는데, 자식이 혼자 어떻게 있었는지 걱정해 주지도 않고, 친구들을 잔뜩 데려와 안줏거리에 술을 드셨다.

딸에게 먹어보란 한마디 말도 없이 나에게 이불 속에 들어가 있으라 했다. 그 당시 방이 한 칸이었기에 같은 공간에 있을 수밖에 없었다.

  내가 이불 속에 들어갈 수밖에 없었던 이유를 어릴 때엔 잘 몰랐는데 어른이 되어 알 수가 있었다. 그래서 더 용서가 안 되는 아빠였다.
  아빠는 어린 딸 앞에서 성인 비디오를 틀고 봤던 것이다.
  이상한 소리에 살짝 이불을 걷었는데 도대체, 무슨 행동인지 어린 나는 알 수 없었지만, 너무 징그럽고 보기 싫은 영상으로 기억에 남아있고, 이내 이불을 덮고 그 안에서 영상이 끝날 때까지 나오지 않았다.

  가족보다는 도박과 친구들을 좋아했고 술집 여자를 더 좋아했던 아빠, 난 그런 아빠가 죽도록 싫었다.
  엄마가 뒤늦게 이 사실을 아셨다.
  밥도 못 먹고 굶는 딸, 아빠란 사람이 집에 들어오지도 않고 혼자 딸을 집에 둔 것을 친할머니를 통해 아신 것 같다. 엄마는 충격을 받으셨고, 아빠는 나를 버스에 태워 엄마에게 보냈다.
  그리고 나는 수없이 가래를 뱉어내는 결핵에 걸려 있었다.
  외할머니와 엄마는 나를 병원에 데려가셨고 사골을 고아 주셔서 나의 병은 조금씩 호전됐다.
  그리고 엄마는 우리를 키우기 위해 외갓집에 동생과 나를 맡기고 타지로 일을 하러 가셨다.

어린 시절

여름에 겨울 신발을 신은 어린 나
신발은 다 떨어져 너덜거리고
터덜터덜 학교에 가다가
발걸음을 돌려 다시 집으로 간다.

모퉁이를 돌아 다리를 건너
허름한 집 앞 버스정류장 앞에
동생이 서 있다.
터져 나온 코피를 막으며 누나, 누나,
목이 터져라 나를 부르며 울고 있다.
나는 엄마가 되어 동생을 안아주고
터진 코피를 닦아주고,
차마 집에 혼자 두지 못해 학교로 데려간다.

하루는 동생이 울면서 집에 들어온다.
아이들이 아빠 없는 애라며 때렸단다.
나는 화가 나서 씩씩거리며
달려가 그 아이를 실컷 때려준다.

나는 아빠가 되어 씩씩하게
동생을 데리고 집으로 온다.
괜찮아 누나가 지켜줄게.

동생이 졸졸 따라온다.
귀찮은 나는
저리 가 오늘은 너 혼자 놀아.
난 친구랑 놀 거야.
어느새 동생이 쫓아온다.
누나 나 심심해.

누나인 나는 어쩔 수 없이 동생을
데리고 친구 집으로 간다

난 어린 시절 동생에겐
엄마가 되고,
아빠가 되고,
때론 누나가 되었다.

김밥

소풍가는 날 마음이 분주했다.

친구들 손을 잡고 동요를 부르며 봄 소풍을 간다. 엄마들도 따라왔다.

친구들 얼굴에 함박웃음이 끊이지 않고 '나도 엄마가 왔으면' 부러움에 속이 시끄러웠다.

엄마가 없는 빈자리는 어느 때보다 이렇게 학교 행사가 있는 날에는 더 크게 느껴졌다.

특히 가을 운동회 날도 그랬던 것 같다.

나는 엄마가 그리웠고 친구들이 부러웠다.

부모가 가장 필요한 나이에 할아버지 할머니가 부모를 대신 해 주셨지만

두 분은 항상 농사일에 바쁘셨기에 소풍에 따라오실 수 없었다.

어느새 소풍 장소에 도착했고 재미있는 레크레이션도 하고 보물찾기 장기자랑도 하며 시간 가는 줄 모를 정도로 즐거웠다.

드디어 점심시간 모두 한자리에 모여 엄마가 정성스럽게 싸주신 도시락을 열었다.

엄마가 따라온 친구들의 도시락은 김밥에 과일, 치킨까지 있

었다.

나도 도시락을 열었다.

그리고 이내 뚜껑을 덮어 버렸다.

김밥 속에 색색으로 들어간 친구들의 김밥은 먹음직스럽고 예뻤다.

내 김밥은 단무지와 미나리만 들어있는 초라한 김밥이었다. 심지어 다 터져서 볼품없는 김밥을 친구들 앞에 꺼내 놓을 수가 없었다.

친구들은 각자 싸온 김밥을 맛있게 먹었다. 하나 먹어보고 싶을 정도로 군침이 돌았지만 자존심에 참았다.

나는 뒤를 돌아 친구들에게 들킬까 조마조마한 마음으로 도시락 뚜껑을 열고 닫으며 터진 김밥을 허겁지겁 먹었다.

정말 최악의 김밥이었다.

할머니는 농사일에 바쁘시고 김밥을 예쁘게 싸는 방법을 모르셨다.

힘없이 대충 말아놓은 김밥은 터지는 게 당연할 지도. 할머니 할아버지가 계시니 엄마가 꼭 필요하다는 생각을 잊고 살다가도 이럴 때면 여지없이 엄마 없는 빈자리가 표시 난다. 내 마음은 엄마 없어도 괜찮다고 당당하게 감춰보려 해도 감출 수 없는 현실 앞에 괜찮은 것이 아닌 안 괜찮은 마음이 드러난다.

참 설레던 소풍날, 그날의 김밥은 나를 한없이 작아지게 만들고 어디라도 숨고 싶은 날이었다.

　45살의 나는 김밥을 쌀 때면 정성을 들인다. 유난히 아이들이 좋아하는 참치김밥은 더 정성 들여 색도 예쁘게 맛도 좋게 싸서 예쁘게 썰어 접시에 담아내면 아이들이 맛있게 먹는다. 그 모습을 보고 있으면 어린 시절 한없이 작아지게 만들었던 초라한 김밥을 먹었던 어린 나에게 보상이라도 해 주듯 기분 좋은 위로를 받는다.

동생에게 부모가 되어 준 나

겨울이면 강에 얼음이 꽁꽁 얼었다. 아이들은 아빠가 만들어 주신 나무 스케이트를 타고 놀았고, 동생은 스케이트가 너무 타고 싶은지 "누나 스케이트 만들어줘." 하며 떼를 썼다.

나는 어렸기 때문에 스케이트를 만들어 본 적이 없어 난감했지만 나무, 못, 철사, 망치를 가져다가 스케이트를 만들려고 애를 썼다.

몇 시간에 걸쳐 어설프게 만들어진 스케이트, 철사는 삐뚤빼뚤 못이 다 튀어나와 보잘것없었고, 스케이트를 아이들 앞에 내놓기 부끄러웠지만, 동생은 무척 좋아하며 누나가 만들어준 스케이트를 탔다.

그러나 스케이트는 얼마 안 가 다 부서지고 말았다.

사고 후 말을 더듬게 된 동생을 동네 아이들은 놀렸다.

그것도 모자라 엄마 아빠가 없는 아이라고 놀렸다.

언젠가 한번은 아이들이 때렸다며 동생이 엉엉 울면서 들어왔다.

난 너무 화가 나서 그 아이들을 때려 주었다.

어느 날은 나보다 한두 살 어린 남자아이와 싸웠다. 그 아이가 주먹으로 내 명치를 때려 숨도 못 쉴 만큼 아팠다.

또한, 동생은 코피가 자주 났었다.

어느 날 학교에 가는데 갑자기 동생 걱정이 밀려왔다.

코피를 흘리고 있으면 어떡하지? 불안한 생각이 들었고, 마음이 불안한 나는 발걸음을 돌려 집으로 돌아갔다.

그런데 집 앞 버스정류장 앞에서 동생이 터진 코피를 더러운 걸레로 막고 누나를 부르며 울고 있었다.

너무 속상한 나는 코피를 닦아주고 혼자 있을 동생이 걱정되어서 학교에 데리고 갔다.

동생을 학교에 데려간 날이 여러 번 있었던 걸로 기억난다.

나의 어린 시절은 그렇게 정신없이 힘겹게 지나갔다. 그때 나는 동생에게 누나만이 아닌 부모님의 역할을 대신하고 있었다.

물에 빠진 날

우리 집 앞에는 강이 있었다.

여름이면 강에서 물놀이를 했다. 어린 시절 우리에게 강에서 물놀이하는 것이 최고의 놀이였다. 강에서 물놀이하다 밖으로 나와 커다란 돌멩이 위에 누워 있으면 얼마나 따뜻했는지… 그 사이 등이 빨갛게 달아올라 껍질이 다 벗겨져 쓰라림으로 고생을 하면서도 하루에 두세 번씩 강으로 갔다.

얼굴은 시커멓게 타서 눈만 말똥거리는 모습이란, 딱 시골 촌놈이다. 해마다 여름이면, 타지에 있는 사람들이 휴가를 왔고 피서를 즐겼다. 할머니는 옥수수를 잔뜩 쪄서 강으로 가지고 나가 파셨다. 사람들은 돈을 주고 옥수수를 사서 맛있게 먹었다.

나는 자주 옥수수를 먹어서인지 사람들은 뭐가 맛있다고 옥수수를 사 먹을까? 했었다.

사실 나는, 다른 사람들이 강에 와서 노는 것이 싫었다. 부러웠기 때문이다.

온 가족이 놀러 와서 같이 물놀이를 하고 고기도 구워 먹었다.

나는 한 번도 누려보지 못한 행복한 모습이었다.

그런데 그렇게 행복해 보이는 가족이 자식을 잃고 돌아가는 모습을 봤다.

　그 강은 우리만 아는 위험한 지점이 있었다. 겉으로는 잔잔해 보이는 강이었지만 어느 순간 쑥 빨려 들어가는 소용돌이치는 곳이 있었다.
　그곳에 빨려 들어갔다 못 나와 죽는 사람들이 있었다.
　나는 수영을 못해 깊이 들어가지도 못했지만 그곳을 아는 우리는　그 근처는 가지 않았다.

　어른들은 물귀신이 산다고 무당을 불러다 굿을 했는데 난 그 소리가 너무 싫었다.
　굿을 하는 소리는 소름 끼치게 무서웠다.
　어느 날, 늘 똑같이 물놀이하러 강으로 갔다.
　그런데 낮은 곳에서 조용하게 놀았던 내가 한 발짝 내딛는 순간 깊이 빠져버렸다.
　무릎 정도의 낮은 곳에서 물장난하듯 놀다 한 발짝 더 갔을 뿐인데 내 키보다 훨씬 깊은 곳으로 빠져 버렸다. 나는 살기 위해 발버둥을 쳤다.
　수영을 할 줄 몰랐기에 버둥거리며 물 위로 올라왔다 다시 내려가길 반복했다.
　그러기를 몇 번이고 반복하다 보니 점점 힘이 빠지는 걸 느꼈다. "살려주세요." 외침도 힘이 들어 못하겠고, 힘이 빠져 더는 발버둥을 치기도 힘들었다.

순간 물속이 백지처럼 하얘졌다.

어린 나는 그때 알았다.

내가 지금 죽는구나, 아직 더 살고 싶은데… 바로 그 순간 물속으로 하얀 손이 내 앞에 나타났고, 나는 정신이 번쩍 들었다.

그리고 그 손을 덥석 잡았다.

나는 간절하게 살고 싶었다.

그 손은 하나님의 손 같았다.

나는 신을 믿지는 않지만 정말 신이 존재한다면 하나님만이 신일 거라는 생각을 했던 것 같다. 나는 그 손에 의해 밖으로 꺼내졌고, 물을 너무 먹어서인지, 속은 울렁거리고 머리는 빙그르르 돌았다.

몸은 힘이 다 빠져 축 쳐서 바닥에 눕혀졌고, 누군가 내 가슴을 압박하고 있음을 느꼈다.

정신이 들고 수없이 물을 토해냈고, 내가 살았다는 생각에 너무나 기뻤다.

날 도와준 언니는 옆집에 사는 중학생이었다. 죽는 그 순간 그 언니가 날 구했던 것이다. 지금도 그 생각을 하면 정말 아찔하다.

어른들은 하늘이 도왔다고 했다.

동생 또한 교통사고로 죽을 뻔했고 나 또한 물에 빠져 죽을 뻔했지만, 우리 두 남매가 기적처럼 살 수 있었던 것이 신기하기도 하고 정말 하나님이 계신가? 그래서 우리가 살았을까?

잠시 생각을 했던 것 같다.

어린 시절 나와 동생은 더 많은 사건으로 타지에 일하러 가신 엄마의 마음을 불안하게 했고, 엄마는 우리가 또 어떻게 될까 봐 걱정하셨고, 그 걱정으로 잠을 이루지 못하셨다고 했다.

내가 아이를 낳아보니 엄마의 불안한 그 마음을 충분히 이해할 수 있었다.

오죽하면 잠을 못 주무셨을까?

불면증은 70이 다 되어가는 엄마를 지금까지 괴롭히고 있다.

짝사랑

내가 다녔던 초등학교는 작은 분교였다. 학생 수가 적어서 한 반에 두 학년이 함께 공부했다.

졸업 후 중학교에 입학했는데, 중학교는 한 곳밖에 없었고, 여러 분교에서 친구들이 모였기에 많은 친구로 인해 낯설고 적응이 되지 않았다.

담임선생님은 남자, 여자 따로 줄을 서게 하고 옆에 서 있는 학생이 짝꿍이라고 했다.

내 짝꿍은 유난히 까불거리고 키가 작았던 친구였는데, 나와 짝꿍이 되기 전부터 내 눈에 들어왔다.

무슨 감정인지 가슴이 콩닥거렸다.

처음 느껴본 감정이었다. 호감이 가는 친구였다.

내 시선을 머물게 하는, 보고 있으면 그냥 기분이 좋아지는, 그래서 저 친구가 내 짝꿍이 되었으면 속으로 은근 기대했다. 그런데 그 친구와 정말 짝이 되었다.

나는 기분이 좋았고, 나에게 말이라도 걸어오는 날에는 내 얼굴이 화끈거렸다.

하루는 집에 가만히 누워있는데 그 친구가 생각났다.

무슨 감정인지 잘 몰랐지만 나중에 한참 지나서야 알았다.

내가 그 친구 때문에 이성에 눈을 떴다는 것을,

그렇게 짝사랑이 나에게도 시작되었다.

학교 가는 길이 나는 너무 설렜다.

몇 벌 되지 않은 옷을 꺼내 놓고 어떤 옷을 입어야 할까 고민했다.

거울 앞에서 이런저런 예쁜 표정도 지어보고 그렇게 오늘도 학교에 가면 그 친구를 볼 수 있다는 생각에 기분이 좋았다.

한 번은 소풍을 갔을 때 일이었다.

우리는 동그랗게 앉아서 수건돌리기를 했는데 내가 술래가 되었고, 나는 그 친구 옆에 앉고 싶어서 그 친구 옆에 앉아있는 친구 뒤에 수건을 놓았다.

그런데, 그 친구는 옆에 친구에게 뒤에 수건이 있다고 알려주었고 그 친구가 대신 술래가 되었다.

옆에 앉을 수 있었는데… 아쉬움만 가득하고 나는 그 친구에게 좋아한다고 말 한마디 못 하고 중학교 1년을 보냈다.

2학년이 되었고, 담임선생님이 그 친구의 이름을 부르며 앞으로 나오라고 했다.

그 친구는 울먹이는 목소리로 갑자기 오늘 전학을 간다는 것이었다.

그 친구도 엄마랑 헤어져 할머니 손에 자랐다.

그래서 엄마가 계시는 인천으로 전학을 가게 되었다고 했다.

그렇게 그 친구가 인사를 하고 교실 문을 나서는데 나는 아무 말도 할 수가 없었다.

너무 당황했는지 아니면 실감이 나지 않았던 건지 눈물도 나지 않았다.

학교 운동장에 그 친구의 작은아버지가 기다리고 계셨고, 친구들은 울면서 잘 가라고 손을 흔들어 주었다.

그렇게 그 친구는 내가 자기를 좋아하는지도 모른 채 가버렸고, 나는 움직이지도 않고 책상에 앉아 있었다.

며칠이 지났을까?

이제야 실감이 났다. 그 친구의 빈자리가 허전했고 학교 가는 길이 더는 즐겁지가 않았다.

학교에 가서 턱을 괴고 있다가 문득 내가 바보 같다는 생각이 들었다.

좋아한다고 말 한마디라도 해볼 것을, 나는 혼자 끙끙 앓다가 친구에게 처음으로 고민을 털어놓았다. 친구는 그렇게 좋아했으면서 그 친구 전학 갈 때 인사도 하지 않았냐며 한소리를 했다. 내 친구는 놀리듯 나에게 말했다.

"야! 넌 왜 걔가 좋냐? 키도 작고 장난꾸러기에 얼굴이 잘 생긴 것도 아닌데."

나는 이렇게 대답해 주었다.

"왜~ 귀엽잖아, 공부도 잘하고."

그날부터 내 친구는 적극 날 도와주었다.

우리 반 옆 교실에 3학년 교실이 있었는데, 그 친구 누나가 있었다.

내 친구는 그 언니를 찾아가 친구 집 전화번호와 주소를 받아왔다.

집 주소와 전화번호를 받아온 나는 그 친구에게 용기를 내어 편지를 썼다.

처음 봤을 때부터 좋아했고, 지금도 여전히 좋아하고 있다고. 네가 전학을 가서 나는 너무 슬펐다고 써 내려갔다.

편지는 어느새 한 장을 넘었고, 다 쓴 편지를 편지봉투에 정성껏 담아 주소를 적어 우체통에 넣었다. 하루, 이틀, 삼일, 일주일, 시간은 그렇게 지나갔고 돌아오는 답장은 없었다.

난 너무 슬펐다. 그리고 괜히 편지를 썼나? 후회되기도 했다.

집 전화번호를 받았지만 전화할 용기가 나지 않아서 전화는 걸지도 못하고 그렇게 짝사랑으로 끝이 나나 싶었는데 방학이 되자 그 친구가 온 것이다.

이곳에 할머니와 누나가 있었기 때문이다.

나는 다시 볼 수 있다는 것만으로도 너무 행복했다.

짝사랑은 첫사랑이 되고

시간은 얼마나 빠른지, 어느새 나는 고등학생이 되었다.

지금 내 나이 40대 중반, 그때는 시간이 참 느리게 간다고 생각했다. 난 새로운 환경에 적응하는 게 정말 힘들었다.

새로운 친구들과 사귀어야 하고 익숙하지 않는 것들과 맞닥뜨리기가 싫었다.

1학기가 끝날 무렵 학교 생활에 적응했고 새로운 친구들과도 잘 지내고 있었다.

난 고등학생이 되어서도 그 친구를 여전히 좋아했다.

열심히 편지 쓰기를 계속했고 친구들까지 동원해서 같이 편지를 썼다. 예쁜 앨범에 편지, 시, 예쁜 사진들과 그림도 그려 넣었다.

그렇게 차곡차곡 앨범 한 권을 다 채우고 설레는 마음으로 방학을 기다렸다.

친구들은 내가 편지를 잘 쓴다고 자기들 연애편지를 써달라고 부탁을 했고 나는 얼굴도 모르는 남학생들과 연애편지를 주고받았다.

정작 내가 좋아하는 친구에게는 한 통의 편지도 받아보질 못해 마음이 씁쓸했다.

　방학이 되고 그 친구가 왔다.
　나는 친구를 통해 앨범을 그 친구에게 전해주었으나 역시나 돌아오는 건 아무것도 없었다.
　나는 자존심이 상했고 짝사랑에 지쳐만 갔다.
　하지만 그 친구를 절대 포기할 수 없었다.
　그 친구도 날 반드시 좋아하게 될 거라고 상상하면서 한껏 예쁘게 꾸미고 그 친구가 사는 동네로 갔다.
　다른 친구들과 후배들은 나보고 예쁘다고 하는데, 오직 한 사람 그 친구만은 아무런 말이 없다. 좋은지 싫은지 말이라도 해주면 좋을 텐데, 그 친구는 방학만 되면 내 마음을 흔들어 놓고 가버렸다. 그래도 보고 싶은 맘은 어찌할 수가 없었다.
　나를 좋아하는 남자친구들이 생기고 나는 그 친구들이 어색하기도 했지만 나 또한 사랑을 받고 싶었다. 짝사랑에 지친 나는 남자친구를 소개받아 사귀어 보기도 했지만, 또 방학이 되어 그 친구가 오면 내 마음은 여지없이 흔들리고 사귀던 남자친구와 헤어져야 했다. 그 누구도 내 마음을 설레게 하지 못했다.
　하지만, 짝사랑에 지쳐가고 자존심도 상하고 친구들도 그만 하라고 했을 때 난 많은 생각을 했고 짝사랑을 그만 단념, 하기로 했다.
　그 친구가 와도 보러 가지 않았고 어쩌다 마주쳐도 아는 척 하지 않았다. 그러던 어느 날, 그 친구가 집 앞으로 나를 찾아왔다.

그 친구는 뜬금없이 나에게 사귀자고 했고, 나는 뜸도 들이지 않고 냉큼 알았다고 했다.

꿈인지 생시인지 꼬집어 보고 싶을 정도로 실감이 나질 않았고 춤을 추고 싶을 만큼 행복했다.

그토록 짝사랑했던 친구가 드디어 나의 남자친구가 되었다.

숨 막히게 무서웠던 밤

어느 날 밤이었다.

잠을 자려고 누웠는데 무언가 방 문을 열고 들어왔다.

소스라치게 놀라 일어나려 했지만 내 몸은 움직여지지 않았다.

그리고 내 방에 들어온 건 사람이 아니었다.

그것은 마치 사람모양을 한 유령 같은 모습이었다.

그것이 누워있는 나에게 다가왔고 너무나 일어나고 싶었지만 몸이 움직이지 않아 너무 괴롭고 힘들었다.

그리고 그 유령같은 존재가 내 옆에 앉더니 이상하게 생긴 눈으로 나를 빤히 쳐다보았다.

그 눈과 마주치는 순간 난 너무 무서웠다.

문득 '나는 이제 죽는구나' 생각이 들었다.

그리고 다가오는 손이 보이고 그 손은 내 목을 조르기 시작했다. 난 숨을 쉴 수가 없었다.

그 순간 난 살아야 한다고 생각했다.

있는 힘을 다해 일어나 보려고 안간힘을 써보았지만 소용이 없었다.

그리고 불현듯 든 생각은 불을 켜는 것이었다.

내 방은 고시원방 만큼 작았기에 일어나면 불을 켤 수 있었다. 어떻게든 불을 켜야만 했다.

나는 정신력 싸움이라 생각하며 살아야겠다는 의지로 있는 힘을 다해서 일어났고 스위치를 켰다. 그리고 스위치를 켜는 순간 뒤에서 끌어당기는 엄청난 힘에 의해 나는 뒤로 나가떨어져 벽에 머리를 세게 부딪혔다.

내가 이런 얘기를 하면 사람들은 믿지 않는다. 그리고 어떻게 귀신과 눈을 마주쳤는데 그 순간 살 수 있느냐고 한다. 나는 지금 살아있고 소름끼치게 무서웠던 그날 일은 지금도 내 기억 속에 생생하게 남아있다. 나는 너무 무서워 베개를 안고 건넌방 할머니가 계신 곳으로 갔다.

할머니는 왜 그러냐고 하셨고, 난 귀신이 날 죽이려고 했다고 무서워서 혼자 못 자겠다고 했다. 외할머니는 가위에 눌린 거라 하셨다.

어느 날, 낯선 아저씨가 우리 집에 오셨고 막대기를 두 개 꺼내 들고선 우리 집 구석구석을 다니셨다.

그 아저씨는 우리 집에 수맥이 마당에 있는 작은 평상 하나만 빼고 전체가 흐른다고 하셨다. 난 그 말이 무슨 뜻인지 몰랐지만 뭔가 좋지 않은 건 틀림없었다.

그 이후로도 나는 가위에 자주 눌렸다.

예수님 이름으로

고등학교 때 처음 눌렸던 가위는 멈추질 않았다.

취업을 나갔을 때에도 임신했을 때에도 아이가 태어나 자라고 있을 때에도 끊임없이 가위에 눌렸다.

잠을 자려고 누우면 귀에 이상한 소리와 함께 어김없이 찾아온다.

육의 눈으로 볼 수 없는 것들, 그 세계가 나에게 열려 가위에 눌릴 때마다 그것들이 보인다.

어느 날엔 남자가, 어느 날엔 여자가, 어느 날엔 남녀가 떼거지로 몰려와 내 머리맡에 앉아서 반상회를 하는지 웅성거렸다. 일상이 된 나는 이제 무서움도 사라진지 오래다. 다만 시끄럽고 괴로워 미칠 지경이었다.

어떻게 하면 이 지옥에서 벗어날 수 있을까?

몸부림을 쳐도 사라지지 않다가 나를 조롱하듯 그렇게 한참을 괴롭힌 후에야 사라진다. 끙끙대다 일어난 나는 잠을 잔 것 같지 않아 피곤했다. 어깨가 항상 짓눌리듯 무겁고 내 얼굴은 늘 어두웠다.

다니던 교회의 목사님께 가위눌림을 얘기했고 목사님은 마귀가 하는 짓이라며 마귀를 물리치는 기도를 알려주셨다.

가위에 눌리면 마음속으로

"나사렛 예수의 이름으로 명하노니, 악한 사탄 마귀는 떠나갈지어다!!"라고 외치라고 하셨다. 나는 또다시 가위에 눌렸고 목사님 말씀대로 외치려고 했지만 잘 되지가 않았다.

그러나 가위에 눌릴 때마다 외치려고 노력하고 또 노력했다.

"나사렛 예수의 이름으로 명하노니, 악한 사탄 마귀는 떠나갈지어다!!"

드디어 외쳤다. 한 번에 되지 않았고, 여러 번 끙끙거리며 외쳤다. 그런데… 놀랍게도 정말로 사라졌다!!

가위에 눌렸다 풀리기를 반복하면서, 자주 눌렸던 가위는 점점 횟수가 줄어들었다. 참 신기한 일이었다.

진작 알았더라면 가위에 눌릴 때마다 나 혼자 어찌해보려고 끙끙거리지 않았을 텐데… 정말 힘든 일이었기에 나는 예수 이름의 권세가 신기했다.

"믿는 자들에게는 이런 표적이 따르리니 곧 저희가 내 이름으로 귀신을 쫓아내며 새 방언을 말하며" (마가복음 16장 17절)

"예수께서 각색 병든 많은 사람을 고치시며 많은 귀신을 내어 쫓으시되 귀신이 자기를 알므로 그 말하는 것을 허락지 아니하시니라" (마가복음 1장 34절)

새로운 날을 기대하며

고3 여름 나는 취업을 나가게 되었다.

나는 집에서 벗어난다는 생각에 너무 좋았다. 그리고 나와 친했던 친구들과 함께 가게 되어서 더 좋았다. 학교 운동장에는 우리가 타고 갈 버스가 대기하고 있었다.

그렇게 설레는 마음으로 버스에 올라탔고 낯선 타지의 새로운 생활이 나를 기다리고 있었다.

드디어 회사에 도착했고 일할 공장으로 들어가 한 바퀴 돌아보는데 순간 겁이 더럭 났다.

'내가 이 일을 할 수 있을까?'

그리고 우리는 기숙사로 이동했다.

기숙사 복도에 줄을 선 우리는 각자 들어갈 방을 기다리고 있었다. 기숙사 사감 언니와 다른 언니들이 퇴근을 하고 줄줄이 들어왔다. 우리는 말도 못 하고 조용히 서 있었다.

방 배정은 언니들이 쓰고 있는 방에 우리가 두 명씩 들어가는 것이었다.

내 룸메이트는 다행히 친한 친구가 되었다.

우리는 어떤 언니의 방으로 들어갈지 기대와 걱정이 동시에 밀려왔다.

'착하고 예쁜 언니면 좋을 텐데'… 바로 내 눈에 들어온 언니가 있었다. 얼굴도 예쁘고 키도 큰 긴 생머리의 언니였다.

내심 그 언니의 방으로 가고 싶었다.

그런데 정말 그 언니의 방에 우리가 배정되었다. 나는 속으로 "앗싸!" 하고 외쳤다.

언니 이름은 은혜였다. 얼굴만큼이나 예쁜 이름이었다.

은혜 언니는 다른 방 언니들보다 착했다. 기숙사에는 성격이 정말 안 좋은 언니들이 많았다.

내 친구와 나는 운 좋게 착하고 예쁜 언니를 만나 기숙사 생활이 힘들지 않았다.

그러나 공장에서 일하는 건 정말 힘들었다.

주야간 2교대에 12시간을 서서 일을 했고 다리가 너무 아팠다. 특히 야간일은 너무 싫었다. 일하다 코피 터지는 날도 많아 일이고 뭐고 그냥 집으로 돌아가고 싶었다.

그리고 한 달 후, 노동의 대가로 월급이 내 손에 쥐어졌다.

그때에는 지금처럼 통장으로 월급이 들어오는 것이 아니라 봉투에 현금을 넣어 주었다.

태어나서 처음으로 느껴본 감격이었다. 내가 힘들게 일해서 번 돈이라니. 집으로 가고 싶다는 생각은 잠시 뒤로하고 친구들과 옷을 사기 위해 평택으로 갔다.

내가 취업한 곳은 성환이고 평택은 그곳에서 멀지 않은 곳에 있었다.

그렇게 일은 힘들었지만 월급을 받는 것은 즐거움이었다. 나는 졸업 후에도 이곳에서 계속 일을 했다. 20살 어른이 되고 나니 세상은 별천지였다.

어른이 되어야만 떳떳하게 누릴 수 있는 세상의 즐거움. 어두운 저녁이 되면 화려한 조명과 신나는 음악이 거리를 휘감고 술집과 나이트클럽에는 북적이는 사람들로 가득 차 있다.

나는 월급을 받으면 친구들과 함께 술집을 가고 노래방을 가고 나이트클럽에 가 춤을 추는 시간이 대부분일 만큼 밤 문화에 푹 빠져 있었다. 그곳은 성인이 된 우리를 충분히 유혹할 만큼 달콤했다. 어릴 적 술 좋아하는 아버지를 이해할 수 없었는데 유전자는 어디에 안 가나 보다. 나는 밤새 마시고 놀아도 끄덕없을 만큼 술을 좋아했다.

남자친구의 사고

추석 명절이 하루 앞으로 다가왔다. 들뜬 마음으로 야간근무를 하며 내일을 기다리고 있었다.

남자친구는 시골 할머니 댁에 먼저 가 있었다. 근무 중 친구에게 삐삐가 와 있었고 음성 메시지를 확인하는 순간 나는 바닥에 털썩 주저앉고 말았다. 메시지 내용은 남자친구가 오토바이를 타고 가다 트럭에 부딪혀 너무 많이 다쳤다고 했다.

구급차에 실려갔는데 어떻게 될지 모르겠다며 친구는 울면서 말했다.

남자친구는 너무 많이 다쳐 강원도에 있는 병원에서는 받아주지도 않아 그대로 구급차에 실려 인천까지 왔는데 병원마다 가망이 없다고 받아주지 않았다. 다행히 부천 병원에서 남자친구를 받아주었다. 남자친구의 상태는 그 정도로 심각했다.

그날 밤 나는 어떻게 일을 했는지도 모를 정도로 넋을 잃었다.

전화기 앞에서 주저앉아 정신없이 울고 있는 내 주위로 언니들과 친구들이 모여들었고 괜찮을 거라며 위로해 주었다.

야간근무를 마치고 한숨도 못 자고 버스를 타고 부천으로 달려갔다.

부천으로 가는 내내 가슴은 두근거렸고 걱정은 끝없이 밀려왔다. 그래도 마음 한 구석에는 괜찮을 거라는 기대를 하며 부천에 도착하여 택시를 타고 병원으로 갔다.

막상 병원 앞에 서 있으려니 들어가기가 망설여지고 겁이 났다. 내가 이 문을 열고 들어서는 순간 그 친구를 어떻게 봐야 할지, 정말 많이 다친 거라면… 별별 걱정을 하며 병원 문을 열고 들어갔다.

그 친구가 있는 곳은 중환자실이었다.

중환자실에는 많은 환자가 있었고 가까스로 남자친구를 찾을 수 있었다. 온몸에는 붕대가 감겨 있었고 혼수상태로 누워 있는 남자친구를 보는데 믿겨지지가 않았다.

꿈일까 현실일까 멍하니 서서 울음조차 나지 않는 이 상황이 당황스럽기만 했다.

한참을 멍하니 서 있는데 누군가 다가와 물었다. "누구세요?"

남자친구 어머님이었다. 나는 정중히 인사를 했다.

짧은 시간 어머님과 이런저런 대화를 나누었고 너무 힘들어하시는 어머님을 위로해드렸다.

나는 그 이후로 매주 일요일이 되면 병원으로 갔고 저녁때쯤 기숙사로 돌아왔다.

병원에서 잠도 제대로 못 주무시고 아들 병간호를 하시는 어머님을 대신해서 남자친구 곁을 지켰다.

남자친구는 여전히 혼수상태인 채 깨어나지 못하고 있었다.

그저 깨어나기만을 간절히 바라고 또 바라며 남자친구를 보러 갔지만 여전히 깨어나지 못하는 그를 바라보며 나는 지쳐가고 있었다.

그런 아들을 바라보는 어머님의 심정은 어떠하셨을까?

상상조차 하기 싫은 그 힘든 시간을 어머님은 견뎌내고 계셨다.

얼마나 시간이 흘렀을까. 내 인내심의 부족일까?

영영 못 깨어 날지도 모른다는 나의 부정적인 생각이었을까? 나의 열심이 식어 갈 때쯤 남자친구 누나에게 전화가 왔다. 동생이 깨어났다는 것이다. 나는 너무 좋아 소리를 질렀다.

다음 날 병원으로 달려갔고 병실로 올라가는데 누군가 큰 소리를 지르며 욕을 하고 있었다.

병실 문을 여는 순간… 나는 너무 놀랐다.

남자친구는 아기가 되어 있었다.

나는 상상조차 못한 남자친구의 모습이 너무 낯설었다.

한참을 바라보다 회사로 돌아왔고 혼자 병원에 갈 자신이 없었던 나는 한 주 뒤에 친구와 함께 병원으로 갔다.

남자친구가 나를 보고 인사를 했다. "안녕하세요?"

그리고 나에게 계속 존댓말을 했다. 어머님은 남자친구에게 "얘 누구야?"하고 물었고 남자친구는 "현미"라고 대답을 했다.

그러고는 소변이 마렵다고 병실 침대에서 바지를 내려버렸다.

나와 친구는 깜짝 놀라 뒤로 돌아섰고 어머님은 침대 밑에서 소변 통을 꺼내 소변을 받았다.

기저귀를 찬 남자친구는 창피한 게 뭔지도 모르고 아기처럼 말하고 아기처럼 행동했다. 어머님은 잠시 뒤 내가 사 온 과일 바구니에서 과일 몇 개를 꺼내 깎아 우리 앞에 놓아 주셨다.

그런데 남자친구가 발을 동동 구르며 "내 거야!! 먹지 마!" 하더니 과일을 빼앗아 먹어버렸다. 난 너무 당황스러웠다.

'이 모습으로 살아가는 건 아니겠지?' 걱정도 되고 겁도 났다. 하지만 점점 좋아질 거라는 의사 선생님의 말을 믿고 매주 남자친구가 있는 병원을 찾아갔다.

그러다 나는 일도 바쁘고 몸도 힘들고 친구들과 놀고 싶기도 하여 병원을 몇 주 안 갔다. 그러다가 남자친구가 퇴원했다는 얘기를 듣고 나는 남자친구의 집으로 갔다.

남자친구는 내가 오자 어린아이처럼 좋아했다.

남자친구는 퇴원하기 얼마 전, 자고 일어나더니 잠깐 집으로 가 계셨던 어머님에게 전화를 걸어 "엄마 여기 어디야? 왜 내가 여기 있어?" 라고 물어봤다고 한다.

남자친구는 방금 전까지 무슨 일이 있었는지 기억하지 못했고 내가 다녀간 것도 몰랐다고 했다. 어머님은 오토바이 사고가 났던 일과 내가 매주 병문안 왔다고 말해 주었고 남자친구는 퇴원하는 날 오지 않는 나를 기다렸다고 말씀해 주셨다.

남자친구에게 정말 미안했다.

퇴원 후, 나는 어김없이 일주일에 한 번은 남자친구 집에 갔다.

남자친구의 정신이 돌아왔기에 다 괜찮을 줄 알았다.

그런데 괜찮지가 않았다.

나를 바라보는 눈빛도 또렷하지 않았고 말도 어눌하고 혼자 외출도 하지 못했다.

밖으로 나가면 집을 찾아오지 못했기에 어머님은 아들을 혼자 밖으로 내 보낼 수가 없었다.

내가 남자친구에게 유일하게 해줄 수 있는 것은 함께 외출하는 것이었다.

함께 밥을 먹으러 가고 노래방에도 갔다. 나는 그렇게 남자친구와 데이트 아닌 데이트를 했다. 여자친구인 나는 연인이기보다는 보호자에 더 가까웠다.

나는 정상도 비정상도 아닌 바보 같은 남자친구가 조금 창피하기도 하고 지치기도 했다.

더 이상 공부 잘하고 똘똘하고 귀여운 친구, 내 심장을 그토록 뛰게 했던 사람이 아니었다.

남자친구는 다른 사람이 되어 있었다.

시간이 갈수록 남자 친구는 조금씩 호전되었다.

조금 어눌했지만 말하는 것도 좋아졌고 나 없이 혼자 외출도 할 수 있었다. 친구들도 만나고 모든 일상생활이 가능해졌다.

나는 더 좋아질 거란 희망으로 남자친구를 포기하지 않았다.

그런데 어느 날, 남자친구에게 전화가 왔다. "현미야! 헤어지자, 다른 여자가 생겼어!"

난 화가 나서 견딜 수가 없었다.

남자친구는 온전치 않은 몸으로도 나에게 상처를 주었다.

나는 배신감에 잠을 이루지 못했고 차라리 잘 된 거라고 생각하며 헤어지기로 마음을 먹고 더 이상 연락을 하지 않았다.

며칠 후 남자친구에게 전화가 왔지만 이내 끊어버렸고, 몇 통의 전화가 더 왔지만 받지 않았다.

남자친구는 음성 메시지를 남겼다.

"현미야 미안해, 내가 잘못했어. 그 애랑은 헤어졌어. 다시는 안 그럴게."

음성 메시지를 듣고 내 마음은 약해지고 마음이 아팠지만 더는 자신이 없었던 나는 연락을 하지 않았다.

남자친구와 헤어진 후 나의 한쪽 마음은 구멍이 난 듯 허전했다.

가슴이 두근거렸던 첫사랑, 그 친구가 있어서 학교 가는 길이 행복했고, 그 친구가 있어서 나는 힘겹던 삶에 생기가 있었다.

그 누구에게도 기댈 곳 없었던 가정환경 속에 그 친구는 나에게 삶을 살아가게 하는 비타민 같은 존재였다.

순수했던 첫사랑, 얼굴만 봐도 내 심장이 방망이질하던 나의 사랑이 막을 내려버렸다.

나는 나중에 알았다.

남자친구가 사고 후유증으로 아직 온전하지 않았기에 생각하는 것도 말과 행동도 판단력도 다 부족했다는 것을….

할머니의 간절한 기도

남자친구의 할머니는 손자의 사고 소식을 듣고 매일 새벽마다 교회로 가셨다.

가장 아끼고 사랑했던 손자였기에 그 충격은 말할 수 없었고, 수술은 무사히 마쳐 생명은 건졌지만 언제 깨어날지 모른다는 말에 할머니가 할 수 있는 건 기도뿐이었다.

남자친구 할머니는 절에 다니시다 개종하신 지 얼마 안 되어 손자가 사고를 당했다.

나는 할머니의 믿음이 참으로 대단하시다 생각이 들었다.

개종한 할머니는 사랑하는 손자의 사고 소식에 무슨 생각을 하셨을까?

그럼에도 불구하고 하나님이 손자를 살려주실 거라는 간절한 소망을 가지고 걸어서 30분 거리에 있는 교회를 새벽마다 가셔서 깨어나지 않는 손자를 위해 기도를 하셨다고 했다.

피 마르는 그 시간 얼마나 눈물로 기도하셨을까?

그리고 몇 개월후…. 할머니의 간절한 기도를 하나님이 들으신 걸까?

남자친구가 깨어났다.

나는 할머니의 기도가 하늘에 닿았고 하나님께서 살려주셨음을 확신한다.

생사화복을 주관하시는 하나님, 그분만이 우리의 생명을 살리실 수도 걷어가실 수도 있다.

할머니의 기도는 그렇게 하나님의 마음을 움직이셨다.

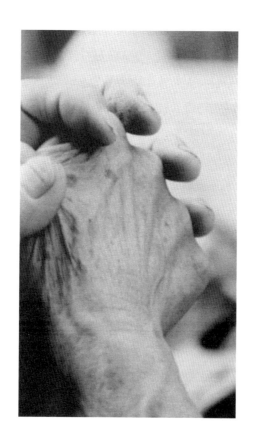

자살시도

나에게는 꿈이 있었다.

연예인이 되고 싶었고 그림 그리는 것을 좋아해 화가도 되고 싶었고 인테리어에 관심이 있어 인테리어 디자이너도 되고 싶었다. 그렇게 내 안에는 하고 싶은 것들이 꿈틀거리고 있었다. 하지만 가정환경은 내가 꿈을 꾸는 것조차 사치일 만큼 가난했다. 고등학교 때 집에서는 공부 가르칠 돈이 없으니 야간 고등학교에 가야 할 것 같다고 했다. 나는 그때 싫다고 내가 왜 야간 고등학교에 가야 하냐고 펑펑 울었던 기억이 난다.

그런 나는 대학은커녕 고등학교를 재학 중에 취업을 하였고 졸업 후에도 그곳에서 일을 했던 터라 매일 반복되는 지긋지긋한 일상 속을 탈출하고 싶었다. 그러면서 술이 주는 기쁨을 찾았고 늘 그것이 전부인 것처럼 술이 아니면 재미를 느끼지 못할 만큼 잘못된 일상을 살았다. 나는 점점 꿈과 멀어지는 삶을 살아갔다.

내 삶은 얽힌 실타래 같았고 짜증 나고 우울했다. 좀 더 나은 환경에서 태어났다면, 부모님을 잘 만났다면 아니 평범한 가정에서 자랐다면 내 인생이 이렇게 어둡지는 않았을 텐데… 이런저런 생각이 몰려오자 죽고 싶다는 생각이 들었다.

야간 근무가 있던 날, 나는 출근도 하지 않고 서랍에서 닥치는 대로 약을 꺼냈다. 룸메이트 언니 서랍에는 약이 한가득 있었다. 이약 저 약 아무래도 감기약, 해열제, 소화제 등 상비약이었던 같은데 무슨 약인지도 모른 채, 약을까 보니 꽤 많았다. 50알은 족히 넘는 것 같았다.

나는 유서를 쓰고 정확히 뭐라고 썼는지도 모르겠다. 그냥 살기 싫다는 내용 아니었을까?

약을 손에 몇 알씩 쥐어들고는 물과 함께 넘겼다. 한 번, 두 번, 세 번, 눈에는 눈물이 주룩주룩 흘렀다.

이 세상에서의 삶이 마지막이라는 생각에서 오는 서러움에 눈물이었을까, 아니면 진짜 죽을지도 모른다는 두려움의 눈물이었을까.

그렇게 약을 계속 넘기는데 갑자기 온몸에 여기저기 피멍이 든 것처럼 울긋불긋 크게 반점들이 생겨나기 시작하면서 온몸이 불덩이처럼 화끈거렸다.

괴로움에 견딜 수가 없었던 나는 화장실에 뛰쳐 들어갔고 메스꺼움에 구토를 계속했다.

20대 초반에 충동적이고 생각이 깊지 못했던 어린 나는 그렇게 터무니없는 행동을 하고 나서야 하얗게 겁에 질려 펑펑 울며 무서움과 직면하며 소리쳤다. "살려주세요. 저 좀 제발 살려주세요."

난 누구에게 살려달라고 외쳤던 것일까.

고통이 점점 사그라들자 그대로 쓰러져 잠이 들었다. 친한 친구가 나를 발견했고 다행히 의식이 돌아왔고 병원을 가봐야 한다는 생각도 못 하고 그렇게 살아왔다.

몸 어디에도 이상이 없이 지금까지 살아온 것도 기적은 아닐까. 죽음의 그늘은 그렇게 시도 때도 없이 내곁에 도사리고 있었다. 그럼에도 살아있고 살아낸 것이 지금도 기적이다. 마귀는 나를 어린 시절부터 죽음으로 끌고 가려 했지만 하나님은 나를 계속 살려주셨다. 안 그러면 내가 어떻게 죽을 고비들을 계속 넘겨왔는지 설명할 수가 없다. 하나님은 우리에게 말씀하셨다. "창세전에 내가 너를 선택하였다"고, 나는 그분을 몰랐지만 그분은 나를 아시기에 나를 도와주셨다고 생각한다.

"주께서 사랑하시는 형제들아 우리가 항상 너희에 관하여 마땅히 하나님께 감사할 것은 하나님이 처음부터 너희를 택하사 성령의 거룩하게 하심과 진리를 믿음으로 구원을 받게 하심이니" (데살로니가후서 2장 13절)

되돌릴 수 없는 시간

　남자친구와 헤어진 후, 잠깐 누군가를 만나봐도 그때뿐, 좋아하거나 설레는 감정을 느낄 수가 없었다. 심장이 고장이 난 것도 아닌 이상 누군가를 좋아하는 마음을 느껴보고 싶었다. 가슴 설레는 마음을...

　오랜만에 소개팅 제안이 들어왔다.

　그동안 남자친구가 없기도 했고 무료하고 심심하기도 했기에 가벼운 마음으로 그 제안을 받아들였다.

　그 남자는 나이가 나보다 1살 더 많았다.

　전화번호를 공유하고 통화를 해보니 차분한 목소리와 친절함이 나쁘지 않게 느껴졌다.

　나보다 1살 더 많다고 느껴지지 않았다. 몇 살은 더 많은 것처럼 편안하게 대해 주었다.

　일주일 정도 통화 후, 주말에 만나기로 약속을 하고 그 남자를 만나기 위해 약속 장소에 도착했다.

　그 남자는 키가 작았다.

　나는 작은 키가 맘에 들진 않았지만 친절함과 잘생긴 얼굴에 끌려 만나기 시작했다. 사귄 지 두 달쯤 되었을까?

처음에는 매너 있고 친절한 오빠처럼 잘해주는 모습에 호감이 갔지만, 얼마 안 가 집착하는 행동이 보여 별로 만나고 싶지가 않았다.

난 그 사람이 만나자고 할 때마다 이런저런 핑계를 대며 만남을 피했고, 결국 생각하지 않은 일이 벌어졌다.

새벽 6시쯤 되었을까? 기숙사가 발칵 뒤집혔다.

여기저기에서 비명이 들렸고, 나 또한 그 소리에 잠을 깼다.

누군가 우리 방문을 열었는데 그 사람이었다.

나는 너무 당황하고 놀라 얼어붙고 말았다. "야! 고현미 너 빨리 나와!" 하는 엄청 화가 난 목소리였다.

여자 기숙사에 들어와 나를 찾겠다고 방문마다 아무렇지 않게 여는 이 사람이 너무 낯설고 무서웠다. 그러나 나는 나갈 수밖에 없었다.

그는 나를 끌고 밖으로 나가더니 강제로 차에 태워 데려가려 했고, 나는 소리를 지르며 가지 않는다 했지만 막무가내로 소리를 지르는 그 사람은 이미 이성을 잃은 상태였다. 그 누구도 나를 도와줄 수 없었고 지금은 내가 이 차를 타지 않는다면 더 큰일이 생길 것만 같았다.

나는 겁에 질린 채 차를 탔고 그 차를 타고 가는 순간까지도 몰랐다. 내가 직장의 기숙사로 다시 돌아오지 못한다는 것을….

그리고 지금까지 힘들었던 삶은 아무것도 아닐 만큼 그야말로 생지옥이 나를 기다리고 있었다.

그 사람은 양아치 건달이었다. 온몸은 문신으로 빼곡히 그림이 그려져 있었고 나는 도망칠 엄두도 내지 못한 채 며칠을 지냈다.

아무리 생각해도 내가 바보 같았다.

왜 나는 이 사람을 따라왔을까?

나는 몇 날 며칠, 어떻게 하면 이곳에서 벗어날 수 있을까 생각을 했다. 하지만 그 사람이 옆에 있는 한 빠져나갈 방법이 없었다.

어느 날 잠깐 그 사람이 외출한 틈을 타 한 여자가 찾아왔다.

그녀는 자기는 그 사람 아이를 가졌으니 나보고 헤어져 달라고 했다. 그 사람과 살면 내가 불행해질 거라 하면서 그가 자기를 어떻게 괴롭혔는지 얘기를 해 주었다.

나는 너무 놀라서 당장에라도 빨리 도망치고 싶었다. 그런데 이 여자는 그 남자의 아기를 낳겠다고, 그 사람과 다시 살아보겠다고 찾아온 것이다.

한 남자 때문에 그렇게 불행하게 살았으면서 다시 불행을 자처하다니 나는 이해할 수 없었다. 나는 그 여자에게 말했다.

나를 이곳에서 도망칠 수 있게 도와달라고…. 그러자 그 여자는 나를 도와주겠다며 자기 집으로 데려갔다.

그리고 몇 시간 뒤 그 남자가 찾아왔다.

왜 생각하지 못했을까? 당연히 이곳을 알고 있을 거라는 걸, 그 사람은 엄청 화가 난 채로 문을 두드렸고, 나는 너무 놀라서 방문을 걸어 잠갔다. 그 사람은 문 열으라며 소리를 질렀다.

나는 방문을 열 수가 없었다.

이 문을 여는 순간, 어쩜 나는 저 사람 손에 죽을지도 모른다는 생각이 들었다.

그 사람은 화가 나서 팔짝팔짝 뛰며 방문을 발로 차기 시작했다. 문을 부수고 들어오려고 더 세게 방문을 걷어 찼다.

쾅! 쾅! 쾅! "문 안 열어! 이 문 부수고 들어가면 너희 둘 다 죽을 줄 알아!" 나는 공포에 질려 있었고 그 여자는 다급한 목소리로 "언니 문 열어요!" 했고, 나는 절대 문을 열지 않았다.

이미 독이 바짝 오른 사람인데 지금 방문을 연다 해도 달라질 건 없으니까.

쾅! 쾅! 쾅! 발로 문을 차는 소리는 더 커지고 갑자기 방문이 방 안으로 '쿵' 하고 떨어졌다.

그 사람은 이미 이성을 잃은 상태였고, 발에는 피범벅이 되어 있었다. 그리고 손에 칼을 들고 있었다.

순간 아무 생각도 나지 않았다.

'어떻게 도망을 가지! 도망가야 살 것 같은데!' 도망가지 못하면 그냥 죽겠구나 싶었다.

그 사람은 칼을 들고 들어와 다 찔러 죽인다고 하더니 갑자기 욕실로 가서 공사하다 남은 바닥 타일 여러 장을 들고 와서는 그 여자의 머리를 타일로 사정 없이 내려쳤다.

그 여자는 울면서 잘못했다고 살려달라고 했다.

그러자 손으로 얼굴을 때리고 발로 차기 시작했다.

나는 너무 무서워서 말 한마디도 못한 채 얼어 있었다.

그 남자는 거침없이 욕을 하면서 말했다.

"야!! 너 얘 왜 데리고 왔어?"

그러자 그 여자가 말했다.

"저 언니가 도망치고 싶다고 도와달라고 했어!"

그 여자는 얼마나 많이 맞고 살았는지, 맞는데 익숙해져 있었다.

나를 찾아와 자기는 그 사람에게 맞고 살았다고 해서 그 얘기를 듣고 충격을 받았는데 이 정도로 심각할 줄은 꿈에도 몰랐다.

뉴스나 영화에서 나올 법한 일이, 지금 이곳에서 일어나고 있었다.

그때 갑자기 그 남자는 욕실에서 나무로 된 발판을 들고 와서 그것으로 또 여자를 내리쳤다.

나무로 된 발판은 조각조각 떨어졌고, 그 떨어진 발판 나무를 들고 나에게 왔다.

그리고 하는 말이, 너는 때리지 않으려 했는데 순진하게 따라와서 자기한테서 도망치려 했다며 나를 때리기 시작했다.

갑자기 맞은 나는, 너무 아파서 소리조차 낼 수가 없었다.

사정없이 맞는데 발판 나무가 뚝! 하고 부러졌다.

그러고는 또 하나를 들고 와서는 이번에는 그 여자를 때렸다.

뚝! 하고 부러졌다.

그리고 하는 말이,

"너희는 이거 다 부러질 때까지 맞는 거다." 하면서 나에게 다가왔고, 겁에 질린 나는 극도의 공포심을 느꼈다. 머리와 팔다리 등을 사정없이 맞았다. 너무 아픈 나머지 살려달라고, 잘못했다고 애원을 했다.

얼마나 맞았을까? 온몸은 파랗게 피멍이 들었고 이마도 찢어지고 눈은 피멍이 들어 퉁퉁 부어올랐다.

나는 다시는 도망치지 않겠다고 약속하고, 다시 그 집으로 들어갔다.

하나님 살려주세요

차라리 악몽을 꾸고 있는 거라면
악몽이라도 좋으니 누가 꿈이라고
말해 준다면
꿈을 꾸었으니 일어나라고 누군가
나를 깨워 준다면,
그럼, 그렇다면 난
머리 숙여 그분께 감사하며
살 텐데….

고통의 시간은 그렇게 시작되었다. 도망칠 수도 없고, 그렇게 하루하루를 살았다.

폭력은 습관처럼 이어졌고, 차마 글로 다 담을 수 없을 만큼 맞고 살았다.

잘못 맞아 코 뼈가 부러지고, 도망치다 넘어져 이가 부러진 적도 있었다.

사소한 말다툼조차 폭력으로 이어지고 자기감정을 다스리지 못해 길길이 날뛰었다. 그의 손에는 습관처럼 칼이 쥐어져 있었다.

맞을 때마다 고스란히 공포를 느껴야 했고 맞는 순간에는 빨리 끝나기를 기다린다. 차 안이든 길이든 장소 불문하고 폭행을 가했다. 자기에게 뜻하지 않는 일이 생겨도, 말 한마디 잘못해서 심기가 불편해져 화가 나면 그 모든 것이 맞아야 하는 이유가 된다.

내 옷이 피범벅이 되어도 어느 한 사람 도와주지 않는다.

경찰이 와도 가정불화 그 이상도 그 이하도 아니다. 그러지 말라는 경고 한마디 하고 돌아가버린다.

아니면 "잡아갈까요?"라고 말한다. 그 한마디 안에는 답이 이미 정해져있다.

잡아간들 어찌할 수 없었다. 그렇게 집으로 다시 돌아오면 어떤 결과가 기다리고 있을지 나는 너무나도 잘 알기에 잡아가라는 말 한마디도 못했다.

나는 그렇게 사랑받는 존재가 아닌 그 사람의 기분에 따라 짓밟히는 쓰레기 같은 존재가 되었다.

나는 맞고 사는 것이 고통스러웠다. 언제 맞을지 모르는 불안감에 도망치고 싶었던 순간이 한두 번이 아니었다.

하루는 도망치다 머리채를 잡혀 방으로 끌려들어 왔고 정신없이 맞았다.

그런데 이 남자는 그렇게 때리고도 분이 풀리지 않는지 밖에서 몽둥이를 들고 와 엎드리라 했다. 몽둥이로 등을 내리치려는 것이다.

그 순간 나도 모르게 하나님을 찾았다.

교회를 다니지 않았음에도 너무 다급하니 하나님을 찾은 것이다.

"하나님, 도와주세요!"

"저 좀 제발 살려주세요."

그 순간 등을 내리치려던 손이 멈췄다.

너무 무서워 더 이상 도망칠 생각도 못 하고 이렇게 사는 것이 내 운명이라 생각하며 그 삶을 받아들이고 살 때쯤 임신이 되었다.

내가 임신하니 그 사람은 다른 사람이 되는 듯 보였다.

더는 때리지도 않았고 중국집 배달도 하고 마트에서 일을 하며 돈을 벌기 시작했다.

아기가 생기니 가정을 책임져야겠다는 생각이 들었는지 다른 사람이 되어 가는 듯한 모습에 나는 희망을 가졌다.

어쩌면 뱃속의 아기가 이 남자를 변화시킬지 모른다는 생각을 했다. 하지만 몇 개월이 지났을까?

때리지는 않았지만 그는 일을 그만두고 잦은 외박을 하며 나를 내버려둔 채 밖으로 돌아다녔다. 임신한 나는 혼자 집안에 남겨진 것에 두려움을 느꼈다.

내가 가장 두려워한 존재가 내 옆에 없으니 다른 두려움을 느끼고 있었다.

어릴 적 나는 엄마처럼 살지 않겠다고 다짐했다.

가정을 돌보지 않고 술과 도박 그리고 여자에 빠져 가정은 내 팽개치고 밖으로 돌아다니는 아빠가 너무 싫었기 때문이다.

그런데 나는 엄마처럼 아니, 엄마보다 더 못한 인생을 살고 있었다.

우울증이 찾아왔다.

어떤 때엔 뱃속에 있는 아기를 무시하고 술 한잔 마시고 싶었다.

하지만 뱃속에 아기를 위해 커피 한 잔도 마시질 않았다.

그리고 뱃속의 아기를 친구삼아 열 달을 견디며 세상에 나올 아기를 기다렸다.

건강한 아기가 태어나게 해 주세요

어느 날 문득 교회에 나가고 싶다는 생각이 들었다.

뱃속 아기와 함께 교회에 다니기 시작했다.

어릴 적부터 절에 다니는 할아버지 할머니 때문에 늘 염불 소리를 듣고 살았다.

나는 그 소리가 왜 그리 거슬렸는지, 그냥 듣기가 싫었다.

반면 교회에 십자가는 보기만 해도 좋았던 기억이 난다.

십자가는 평화로워 보였다.

그리고 가끔 한 번씩 할아버지 몰래 여름성경학교나 성탄절에 교회에 가서 부르는 찬양이 좋았다. 듣고 있으면 마음이 편안해졌다.

초등학교 시절 한번은 성탄절 날 친구들과 교회에 갔다. '고요한 밤 거룩한 밤' 찬송을 부르는데 나도 모르게 눈물이 났다.

그게 은혜였음을 초등학생인 나는 그땐 몰랐다.

그리고 그 이후 교회에 간 적이 없었다.

임신하고 무언가에 이끌리는 마음으로 교회에 갔는데 성전에 들어서는 순간 마음이 너무나 편안했다. "아멘" 하는 사람들, 울면서 기도하는 사람들이 모든 것이 낯설었지만 난 금방 적응을 했다.

"하나님 건강한 아기가 태어나게 해주세요."

교회에 갈 때마다 이렇게 기도했고 태어날 아기를 생각하면 기분이 좋았다.

교회에 처음 간 날 찬송을 부르는데 내 눈에서 눈물이 흘렀다.

성경 말씀을 모르니 야곱이 누군지도 모랐지만 가사가 마음을 울렸다.

내 주를 가까이 하게 함은 십자가 짐같은 고생이나

내 고생하는 것 옛 야곱이 돌베개 베고 잠 같습니다.

야곱이란 사람도 참 힘든 삶을 살았나 보다 생각했다. 꼭 지금 나처럼….

내 주를 가까이 하게 함은

내 주를 가까이 하게 함은

십자가 짐 같은 고생이나

내 일생 소원은 늘 찬송하면서

주께 더 나가기 원합니다

내 고생하는 것 옛 야곱이

돌베개 베고 잠 같습니다
꿈에도 소원이 늘 찬송하면서
주께 더 나가기 원합니다

아기와의 첫 만남

출산 예정일이 다가왔고, 나는 설레는 마음으로 아기를 기다렸다.

얼마나 예쁠까? 얼마나 사랑스러울까?

나를 닮았을까? 이런저런 생각을 하며 아기를 기다렸고, 아기는 예정일보다 일주일이 지났지만 나올 생각을 하지 않았다.

의사 선생님은 아기가 뱃속에 너무 오래 있어도 좋지 않으니 촉진제를 맞고 유도 분만을 하자고 했다. 선택의 여지가 없었다. 아기가 잘못될까 걱정되었기에 다음 날 아침 일찍 병원으로 가서 촉진제를 맞고 진통이 오길 기다렸다.

3시간이 지나도 진통이 오질 않았다. 7시간이 지난 후에 허리가 조금 아팠지만 그 외에 다른 증상은 없었다.

밤이 되자 의사 선생님은 내일 다시 시도해 보자고 하셨다.

그때 교대를 해 주신 다른 의사 선생님이 이상하다면서 태동 검사를 해보자고 했다.

촉진제를 맞기 전날, 태동 검사 시에 아기가 잘 놀고 있었기에 별문제 없을 거라 했지만 막상 검사를 해보니 아기는 움직임이 전혀 없었다.

심장 박동 수도 너무 느려서 이대로 둔다면 아기가 잘못될 수 있다고 했다.

바로 수술 준비를 하고 수술실로 들어갔다.

아기가 잘못될까 봐 너무 무서웠다.

배를 만지며 하염없이 눈물을 흘리며 수술대에 누웠다.

조금 있으면 사랑스러운 나의 아기를 만난다는 생각에 태어나 처음 하는 수술이었지만 무섭거나 겁나지는 않았다. 그저 아기가 건강하기만 바랄 뿐, 나보다 아기가 먼저 걱정이 되는것 엄마가 된다는 건 이런 거였다. 그리고 금방 잠이 들었다.

나는 비몽사몽 상태로 눈을 떴다. 그리고 가정 먼저 아기를 찾았다. "우리 아기는요? 아기는 건강해요?"

그러자 간호사가 "아기는 건강해요." 웃으며 말했고 난 안도의 한숨을 쉬었다.

그리고 속싸개에 싸여있는 너무 작고 예쁜 아기를 보았다.

나는 그제야 제정신이 돌아왔는지 수술한 부위에 통증을 느꼈다.

아기가 건강한 걸 확인한 후에야 마음이 놓여 아픔을 비로소 느꼈는지도 모른다.

아랫배가 쑤시고 자궁이 수축될 때 너무 아팠다.

그렇게 며칠이 지나 퇴원을 하고 아기와 함께 집으로 돌아왔다.

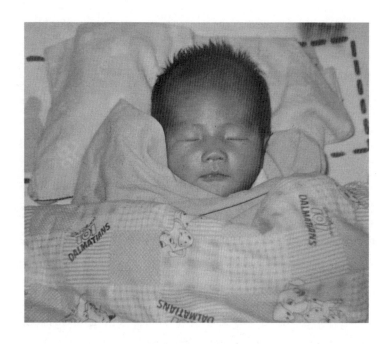

2001년 10월 26일 우리 아기가 태어난 날, 내 나이 23살이었다.
"아가야 축하해! 세상에 태어난 것을."

엄마가 된다는 것은 생각만 해도 설레고 행복한 순간이었지만
한편으로는 얼마나 힘든 일인지 23살의 어린 나는 몰랐다.

그때에는 우리 아기가 자라면 친구 같은 딸이 될거라는 상상만으
로도 흐뭇했다.

나는 교회 목사님께 아기 이름을 지어달라고 부탁드렸다.

목사님께서는 기도하시고 이름을 지어주셨다.

예수님 안에 진실한 아이로 자라길 바라며 '예진'이라는 이름

을 지어 주셨다.

나는 예진이라는 이름이 마음에 들었다.

당장에라도 불러줘야겠다는 생각으로 누워서 쌔근쌔근 자는 아기의 이름을 조용히 불러봤다. "예진아, 예쁜 예진아." 사실 쑥스럽고 적응이 잘 안되었다.

예진이는 무럭무럭 자라 어느새 백일이 되었다.

집에서 백일잔치를 했고, 눈을 마주치고 옹알이를 하는 예진이가 너무 사랑스러웠다.

그 마음이 영원할 것만 같았는데, 오래가지는 못했다.

아이의 엄마가 된 것, 아이의 엄마로 살아간다는 것이 나를 우울하게 만들었다.

아이 아빠는 여전히 정신 못 차리고 계속 밖으로 돌아다녔고 일을 하지 않아 생활은 너무 힘들었다. 아기에게 먹일 분유 살 돈이 없어 슈퍼마켓 이모에게 늘 한 달 치 외상을 했다.

한 달 후에 겨우 분윳값을 만들어 외상값을 갚았고 기저귀 살 돈이 없어 천 기저귀를 사용했다. 아이 아빠는 외박은 기본이고 내가 잔소리라도 하면 욱하는 성질로 자기 기분 내키는 대로 욕을 했다. 그리고 얼마 지나지 않아 또 폭력을 쓰기 시작했다.

두려움과 공포가 다시 밀려왔다.

아기도 있는데 어떻게 이럴 수 있을까? 한없는 서러움이 밀려왔다.

사람은 절대 쉽게 변하지 않는다. 달라질지도 모른다고 기대했던 내 생각은 무너졌다.

하루는 친구에게 전화가 왔다.

안산에 왔는데 친구들과 만나기로 했다고 오랜만에 만나자고 하는데 나는 나갈 수가 없었다. 나에게는 자유가 없었다.

한참 놀고 싶은 나이에 놀지도 못하고 아기 엄마로 고립된 채 힘들고 우울한 나날을 보냈다.

대학병원에서

나는 교회에 다니며 외로움을 조금이나마 덜어낼 수 있었다.

말씀은 들어도 잘 모르겠고 찬양은 들으면 좋았고 구역 식구들이 내가 어려서인지 늘 편안하게 대해 주었다.

교회는 아픈 나를 포근하게 감싸주었다.

교회를 열심히 다닐 무렵, 아이 아빠는 교회를 왜 그렇게 열심히 다니냐며 혹시 바람이 났냐며 말도 안 되는 소리를 하며 교회 다니는 것을 방해하여 띄엄띄엄 교회에 갈 수밖에 없었고 나의 열심도 사그라들고 있었다.

예진이는 16개월이 되었지만 엄마, 아빠라는 말조차 못 했고 걷지도 못했다.

나는 예진이를 업고 다니거나 유모차에 태우고 다녔다.

살짝 걱정되었지만 주위에 어른들이 늦되는 아이도 있다며 걱정하지 말라고 하셨고 나 또한 그런 줄로만 알았다.

다행히 16개월이 지나자 예진이가 첫 걸음마를 시작했다. 난 얼마나 기쁘고 행복하던지, '그럼 그렇지, 아무 이상 없잖아.' 혼잣말을 하면서 안심했다.

예진이는 한 발짝 내디디며 주저앉고 다시 서기를 반복하더니 금새 걷게 되었다. 하지만 여전히 말은 잘 못했다.

말을 못하니 원하는 것이 있을 때에는 늘 내 손을 끌어당기며 원하는 것을 달라고 했다. 배가 고프면 밥솥에 내 손을 가져다 대고 물이 먹고 싶을 때에는 컵에 내 손을 가져다 대며 달라 했다. 그렇게 예진이는 스스로 하는 것이 아니라 나를 끌고 다니며 표현을 했다.

어떤 때에는 계속 울기만 했다. 나는 예진이가 왜 우는지 알 수가 없었다.

배가 아픈지 뭘 갖고 싶은지 밖으로 나가고 싶은지 도대체 아무것도 알 수가 없었다. 안아주고 달래주어도 소용 없었다.

밖으로 데리고 나가도 소용없고 그럴 때엔 정말 내 아이지만 미웠다.

나는 그렇게 예진이로 인해 지쳐가고 있었다.

시간이 지나 예진이가 3살쯤 될 무렵 나는 직장에 들어갔다.

아이 아빠가 일을 하지 않아 신용카드로 생활을 했는데 갚을 돈이 없어 두 개의 카드로 돌려 막기를 했고 급기야 원금에 이자에 카드값은 눈덩이처럼 불어났다.

내가 일을 안 하면 안 되는 상황이었다. 나는 예진이를 어린이집에 보내고 직장에 들어갔다.

예진이는 처음으로 엄마와 떨어지는 두려움에 많이 울었다. 나는 마음이 아팠지만 어쩔 수가 없었다.

어느 날, 일하던 중 어린이집 선생님에게 전화가 왔다.

예진이 양쪽 팔에 상처가 많이 났다고 했다. 나는 놀라서 일을 다 끝내기도 전에 집으로 달려왔다.

아이 아빠가 어린이집 차에서 예진이를 받아 안고 있는데 예진이의 양쪽 팔에는 손톱으로 할퀸 자국이 사인펜으로 낙서를 해놓은 것처럼 너무 많아 충격을 받았다.

선생님께 어떻게 된 일인지 물어보니 예진이 스스로 그랬다는 것이다.

말이 안 되는 소리였다.

"선생님 어떻게 아이가 스스로 자기 몸에 상처를 이렇게 많이 낼 수 있어요?"

나는 도저히 이해할 수 없다며 선생님께 화를 냈다. 그제서야 선생님은 차분한 목소리로 "어머님, 예진이가 또래보다 발달이 많이 늦어요. 병원에 가서 발달검사를 해보셔야 할 것 같아요."

예진이가 언어표현이 안 되어서 스트레스를 많이 받는 것 같다며 검사가 꼭 필요할 것 같다고 말해주셨다.

나는 집으로 들어오자마자 컴퓨터를 켜서 검색했다.

발달장애를 검색했는데 우리 예진이의 행동과 너무 비슷했다.

나는 너무 정신이 없고 마음은 불안하고 그냥 눈물만 났다.

우리 예진이가 발달장애아라고? 나는 급한 마음에 예진이를 데리고 대학병원에 가서 검사를 받았다. 그리고 2주 후에 검사 결과를 듣게 되었다. 의사 선생님은 또래보다 발달이 16개월이 지연되었다고 했다.

16개월이라니… 어떻게 이렇게 많이 지연될 수가 있는 걸까?

의사 선생님은 나를 다독여주며 말씀하셨다.

아이의 상황이 자폐보다는 지적장애에 가까운데 지금은 아이가 어려서 장애 판정을 내릴 수는 없고 조금 더 지켜보자고 하셨다.

그래도 열심히 치료하고 노력하면 지금보다 훨씬 더 좋아질 거라 하셨다.

하지만 추후 다시 검사를 해야 하고 지적장애 판정을 받을 수도 있다는 말씀도 함께해 주셨다.

추후 지적장애 판정을 받을 거라는 말은 들리지 않았다. 지금 장애 판정을 받지 않았으니 된 것이다. 나는 조금이나마 기대를 하며 집으로 돌아왔다.

이후 주민센터며 치료기관이며 정신없이 뛰어다니기 시작했다.

아이를 무조건 고쳐야 했다. 입소가 가능한 장애전담 어린이집을 겨우 찾았지만 장애인 등록이 되어 있지 않으면 안 된다고 했다.

장애전담 어린이집만 입소하면 그 안에서 인지치료, 언어치료를 무료로 받을 수 있다.

나는 40분에 몇만 원씩 하는 치료비를 낼 수 없었다. 더욱이 대학병원의 치료비는 너무 비쌌기에 예진이를 치료하려면 무조건

장애전담 어린이집에 입소시키는 길밖에 없었다.

나는 의사 선생님을 찾아가 자초지종을 설명하고 장애 판정을
내려달라고 사정을 했다.

세상 어느 부모가 자식을 장애 판정 내려달라 하고 싶을까. 하
지만 나는 어떻게든 예진이가 장애인이 되지 않도록 치료를 시
켜야만 했다.

결국 내 사정을 들으신 선생님은 예진이에게 지적장애 판정을
내려주었다.

그때에는 몰랐지만 내가 사정을 한다고 해서 장애가 없는 아
이를 의사 마음대로 판단하고 장애 판정을 내릴 수는 없었을 것
이다.

선생님은 예진이가 아직 어리니 치료받으며 더 지켜보자고 하셨지만 이미 장애를 아셨기에 판정을 내려주신 것 같다.

아이 아빠는 예진이의 결과를 듣고 더 정신을 차리지 못했다.

매일 술만 먹었고, 일도 며칠 하다가 그만두고 하여 생활은 점점 더 힘들어지기만 했다.

예진아 미안해

예진이를 치료하기 위해 1년 넘게 최선을 다했지만, 예진이 아빠는 아무것도 하지 않았다. 생활은 더 힘들어져만 갔고 예진이 때문에 나는 일을 할 수 있는 상황이 아니었다.

예진이 아빠는 수시로 소리를 지르고 문을 걷어차 그 소리에 예진이는 놀라서 울었다. 집주인 아주머니는 빌라 맨 위층에 사셨는데 나를 보고 안타까워 하시며 "새댁, 아기 데리고 도망가라." 하셨다. 나는 이러다 예진이가 정말 잘못될까 봐 두려웠다.

언제까지 이렇게 살아야 할지도 모르겠고 불안감이 밀려왔다.

또 한 번 싸움이 일어났고 예진이 아빠는 습관처럼 저녁에 밖으로 나가 그날 들어오질 않았다. 나는 뭔가에 홀린 사람처럼 부랴부랴 짐을 싸서 예진이와 함께 집을 나왔다.

택시를 타고 안산 터미널로 가서 외할머니와 이모가 사는 안양으로 갔다.

터미널에 가는 순간에도 가슴이 두근거렸다.

혹시 예진이 아빠가 쫓아오면 어쩌지 싶은 마음에 너무 무서웠다. 그리고 나는 버스에 올라탔다.

버스를 타고 가는 동안 눈물이 흘렀다.

뭐가 이리도 쉬운 거야.

난, 왜 진작 도망치지 않았을까?

사람이 길들여져 사는 것이 뭔지 알 것 같았다.

안양으로 가는 버스 안에서 이런 생각을 했다. '나와 예진이 둘이 살 수 있을까?'

두렵고 걱정이 되었다.

내가 그 사람이랑 사는 내내 도망치지 못한 이유를 생각하니 나 자신이 너무 한심스러웠다.

그 사람에게서 도망쳐 살아가는 게 훨씬 자유로웠을 텐데…

26살이 된 바보는 그렇게 5년을 너무나 고통스럽게 살았다.

안양에 도착해 할머니 집으로 갔고 모든 사실을 말씀드렸다.

외할머니와 이모는 그런 내가 불쌍해 당분간 들어와 있으라고 했다.

이모와 외할머니 둘이 살았기에 나와 예진이가 잠깐 머물러 있기에는 괜찮았다.

다행히 예진이 아빠는 외할머니 집을 몰랐다.

엄마한테 가면 더 좋았겠지만 그 사람이 찾아올까 봐 외할머니 집으로 갈 수밖에 없었다.

엄마에게는 맞고 살았다고 도저히 말씀드릴 수가 없었다.

나중에 내가 집 나온 것을 엄마는 알았고 나는 사실대로 말씀드렸다.

엄마는 충격을 받으셨고 왜 바보같이 맞고 살았냐고 하셨다.

집을 나온 지 그렇게 몇 달이 지났다.

예진이 아빠는 나를 찾아다니기 시작했다.

안산에서 영월까지, 친정엄마에게 찾아가 나 좀 만나게 해 달라고 했단다.

엄마는 너무 화가 나셔서 내 딸과 헤어져 달라고 하셨다.

예진이 아빠는 엄마에게 죄송하다고 무릎을 꿇고 빌었다고 했다.

다시는 안 때리고 일도 열심히 하겠다며 각서까지 썼다는데 나는 더 이상 그 사람을 믿고 싶지도 않았고 함께 살고 싶지도 않았다.

엄마는 예진이 아빠가 돌아간 후에 전화를 하셨고 엄마한테 가야겠단 생각으로 엄마에게 갔다. 그런데 며칠 후 그 사람이 찾아왔다. 나를 강제로 끌고 가면 어쩌나 싶어 얼마나 놀랐는지 모른다.

예진이 아빠는 내 앞에 무릎을 꿇고 다시는 안 그럴 테니 한 번만 믿어달라고 했다.

얼굴은 수척해져 있었고 진심으로 뉘우치는 듯 보였다.

마음이 조금 흔들렸지만 이대로 들어간다면 나와 예진이가 행복해질 거란 보장이 없었다.

사람은 그리 쉽게 변하는 존재가 아님을 그 사람을 통해 알았기 때문이다.

내 마음이 확고하자 그 사람은 엄마 앞에서 나를 어쩌지 못하고 그 사람 성격대로 예진이를 강제로 빼앗아 갔다. 엄마는 그냥 두라고 했다. 예진이를 혼자 키우는 건 무리라고 하셨다. 나는 예진이를 보내면서 펑펑 울었다.

나에게 예진이를 포기하라니 이해할 수 없었지만 엄마는 손녀딸보다 당신 딸의 인생이 더 중요하셨다.

그 사람은 예진이를 데려가면 내가 집으로 올 거라고 생각했을 것이다. 그러나 나는 들어가지 않았다.

예진이가 없는 시간 동안 나는 너무 예진이가 보고 싶었다.

예진의 또래의 아이들만 봐도 눈물이 났다.

잘 표현도 못 하는데 엄마가 없어 불안해 울면 어쩌지?

잘 먹기나 할까? 계속 울어대면 그 성격에 애를 때리기라도 하면 어쩌지? 오만 가지 생각으로 나는 괴롭고 힘들었다.

엄마는 자기 자식이니 잘 키울 거라면서 걱정하지 말라 하시는데 나는 그럴 수가 없었다.

엄마 집에 있는 것도 힘들고 해서 나는 다시 외할머니 집으로 갔다. 그때 예진이 할머니에게 전화가 왔다. 예진이가 계속 울기만 한다고 밥도 잘 안 먹고, 아빠는 키우기 힘드니 데려가라는 것이었다.

나는 전화를 끊고 하염없이 울었다. 예진이에게 정말 미안했다.

나 살자고 예진이를 불안하게 만들었다.

같이 살자고 집을 나왔는데 이기적인 나는 아이 아빠가 강제로

104

예진이를 데려가는 걸 그냥 보고만 있었다. 그렇게 데려가는 예진이를 끝까지 따라가 데려오지 않은 이유를 부정하고 싶었지만 그러나 부정할 수 없는 내 이기적인 속마음이 여지없이 드러났다.

  살고 싶었다. 그냥 나는 내 삶을 살고 싶었다. 아이를 혼자 키울 자신이 없었다.
  그것도 장애아가 될지도 모르는 아이를 두 눈 질끈 감고 그렇게 보내고 싶었는지도 모른다.
  나는 외할머니와 함께 예진이를 데리러 갔다.
  집에 도착하자마자 예진이를 끌어안고 한참을 울었다.
  예진이 아빠는 나에게 한 번 더 용서를 구했지만 나는 또다시 거절했다.

  자존심이 상할 대로 상한 예진이 아빠는 예진이를 데리고 가라 했고 그 대신 평생 이혼은 안 해준다고 했다. 나는 상관없었다.
  예진이와 나 둘만 있으면 이혼을 안 해줘도 상관없었다.
  예진이 아빠는 예진이가 보고 싶을 때 언제든지 보여달라고 했고 나는 알았다고 했다.
  그리고 예진이 옷과 장난감을 챙겨 택시를 타고 외할머니 집으로 왔다.
  예진이와 생활을 하려면 돈이 필요했다.
  일을 할 수도 없는 상황이어서 할 수 없이 엄마에게 돈을 조금 빌렸다.

우선 예진이를 입소시킬 장애전담 어린이집을 찾아봤지만 없었다. 또한 나와 예진이의 주소가 예진이 아빠에게 있었기에 더는 방법이 없었다.

그러다 찾은 방법은 안산에서 다녔던 장애전담 어린이집에 다시 입소시키는 것이었다.

나는 부랴부랴 어린이집에 전화했고 다행히 입소가 가능하다고 해서 안양에서 안산까지 전철로 일주일에 세 번 예진이를 데려다주고 데리고 오기를 반복했다.

하지만 너무 힘든 일이었다.

어린이집을 보내기 위해 아침 6시에 예진이를 깨워야 했고 버스를 타고 내린 후 전철역까지 걸어야 했다.

예진이는 다리가 아프다 울고 나는 그런 예진이를 업고 전철역으로 갔다.

그해 그 겨울

그해 그 겨울은 유독 춥게 느껴졌다.
아침 일찍 아이를 깨워
씻기고 옷을 입히고 버스를 탄다.

버스에 내려 전철역까지 걸어간다.
다리가 아프다며 걷기 힘들어 하는
아이를 등에 업고 바쁘게 걸어간다.
전철역까지 아이를 업고 가는데,
허리가 너무 아팠다.
전철 안에서 아이에게 빵과 우유를
먹였다.
추웠을 텐데 추울 텐데
고사리 같은 작은 손으로
빵과 우유를 먹는다.
엄마인 나는 미안하고 또 미안했다.
지적장애를 가진 딸을 치료하기 위해
안양에서 안산까지
그 해, 그 겨울
4살된 우리 딸은 너무 추웠을 것 같다.

다시 찾은 사랑

동창회가 있던 날

나는 예진이를 엄마에게 잠시 맡겨놓고

오랜만에 예쁘게 꾸미고 친구들을 만나러 동창회에 갔다. 오랜만에 만나는 친구들이라 가슴이 설렜다.

막상 친구들을 만나니 내가 초라해 진다. 다들 멋있게 살아가는 친구들의 모습은 자유롭고 행복해 보였다.

그때, 누군가가 뒤늦게 왔다. 그 친구였다.

나의 첫사랑, 나를 가슴 아프게 했고, 나를 설레게 했던 사람. 나는 시간이 지나 그 친구를 다 잊었다고 생각했다.

하지만 그 친구의 얼굴을 보니 설레는 감정이 다시 올라왔다. 예전 바보스럽던 모습은 사라지고 멀쩡한 모습으로 웃으며 내게 인사를 했다.

나는 감정을 들키고 싶지 않아 다른 친구들과 수다를 떨었고 그 친구는 나에게 잘 사느냐고 물었다.

나는 스스로 너무 초라했지만 나의 삶을 있는 그대로 말해주었다.

그 친구는 왜 그렇게 살았느냐며 안타까워했다.

동창회는 끝나 아쉬웠지만 우리는 각자의 삶으로 돌아갔다.

친구들과의 반가운 만남으로 잠시나마 기분 좋고 힐링 되는 날이었다.

그리고 동창회 이후 나에게 잠 못 드는 날이 찾아왔다. 그 친구가 계속 생각났기 때문이다.

예진이를 키우며 부끄러운 엄마는 되고 싶지 않았지만 그럼에도 내 마음은 그 친구 때문에 두근거리고 설렌다. 멈췄던 심장이 다시 뛰고 그 누구도 내 심장을 뛰게 해 주지 못했는데 오직 그 친구만이 내 심장을 다시 뛰게 해 주었다.

나는 한 아이의 엄마이기 전에 누군가에게 사랑받고 싶은 여자였다.

몇 날 며칠 고민 후, 그 친구에게 전화를 걸었고 그 친구와 편하게 만날 수 있었다.

커피숍에서 이런저런 대화를 나누었고 시간은 너무 빠르게 지나갔다.

다음에 또 보기로 약속을 하고 집으로 돌아오면서 미쳤다고 생각했다. 또 만나서 뭘 어떻게 할 건데.

예진이 아빠와 헤어져 남으로 살고 있지만 난 아직 법적으로는 예진이 아빠와 부부였고 혹 이혼을 했다고 해도 내가 그 친구를 당당히 만날 자격은 없었다.

예진이 아빠에게서 벗어날 수만 있다면 이혼을 안 해 주어도 상관없다 생각했다. 그런데 나는 간절히 이혼을 하고 싶었다.

그 친구는 나와 예진이에게 정말 잘해 주었다. 그냥 편한 친구로 지낼 수 있을 거란 내 생각은 빗나갔다. 만나면 만날수록 더 좋아지고 계속 보고 싶었다. 예진이 아빠로 인해 상처받고 아픈 내 마음의 허전한 빈자리를 그 친구는 계속 채워주었다.

이혼

딸과 집도 없이 둘이 산다는 건 너무 힘든 일이었다.

할머니 집에서 지내는 것도 미안하여 나는 어쩔 수 없이 엄마와 동생에게 월셋집이라도 얻어 당분간 같이 살자고 했다.

안산으로 오고 싶지 않았지만 어린이집 문제로 어쩔수 없이 안산에 방을 얻었다. 예진이 아빠에게서 주소를 옮겨오지 않았기에 예진이 아빠가 찾아올까 하는 염려는 하지 않았다.

그렇게 안산에서 우리 네 식구가 살았다.

엄마가 예진이를 봐 주시고 동생과 나는 일을 했다.

어린이집도 이젠 가까워졌고 더 이상 예진이가 고생스럽게 전철로 이동하지 않아도 되니 좋았다.

나는 일을 하면서 몸은 힘들어도 아이 엄마로서의 삶만이 아닌 온전히 내 삶을 살고 있는 것 같아 좋았다. 아침 6시면 출근을 했고 잔업을 하고 집에 오면 10시가 되었다.

나는 돈을 많이 벌어야 했기에 될 수 있으면 잔업과 특근을 했고, 예진이의 양육은 고스란히 엄마의 몫이 되었다. 그렇게 예진이와 많은 시간을 보내지 못했다.

1년이라는 시간이 정신없이 지나갔다.

아이 아빠는 예진이를 보여달라고 협박을 했고 법률사무소를 찾아다니며 이혼하는 방법을 찾아봤지만 쉽지가 않았다.

집을 나온 건 나였고 맞고 살았다는 어떠한 증거도 없었다.

우리를 키우시며 6년이라는 시간을 아빠가 이혼해 주지 않아 힘들게 살았던 엄마와 똑같은 신세였다.

나는 집을 나와 예진이와 살면서 교회를 다니지 않았다.

예진이가 팔에 상처를 내고 병원에서 장애진단을 받은 날 부터 하나님을 멀리하기 시작했다. 하나님을 잊은 채 그렇게 바쁜 삶을 살았고 1년이라는 시간이 지나갔다. 이혼하고 싶었지만 답은 나오지 않았고 어느 날 답답한 마음에 나도 모르게 하나님을 찾았다.

예진이 아빠에게서 완전히 벗어나고 싶었고 이혼하게 해달라고 마음속으로 하나님께 외쳤다.

예진이 아빠는 끈질기게 예진이를 보여달라고 전화로 협박했고 나는 보여줄 테니 이혼해 달라고 했다. 몇 번의 말싸움 끝에 그 사람은 이혼해 줄 테니 요일과 날짜를 알려주면서 가정법원으로 오라고 했다.

나는 믿을 수 없었다. 순순히 이혼해 줄 사람이 아니었기에 혹시 나를 속이는 건 아닌지 날 데려가 또 때리면 어떡하나 이런저런 생각에 불안했지만 진짜 이혼해 줄지도 모른다는 생각에 정해진 날짜에 가정법원으로 갔다.

그 사람은 정말 나와 있었고 술을 한 잔 마시고 온 것 같았다. 이혼서류를 준비해서 법원으로 들어섰고 양육비는 일절 없으며 예진이를 자유롭게 보여주고 친권은 자기가 가지고 있겠다는 조건으로 이혼하게 되었다.

나는 양육비도 친권도 필요 없었다. 이혼만 할 수 있다면… 나는 법원에서 나왔지만 실감이 나지 않았다. 주민센터에 이혼서류를 제출하는 순간 실감이 났다. 그 사람이랑 이제 진짜 남이 되었다. 나는 가슴에 막혀있던 돌덩이 하나가 빠져나간 것처럼 시원했다.

이혼 후 그 친구와의 만남은 자유로워졌지만 많은 걱정이 밀려왔다.

그 친구가 사귀자고 할 때 나는 어떻게 해야 할지 몰랐다.

예진이를 데리고 그 친구를 만난다는 것이 미안했다. 그냥 친구로만 지내는 것이 맞는 거라고 생각하면서도 그 친구를 내 옆에 두고 싶은 욕심에 그 친구를 밀어내지 못했다.

그렇게 그 친구는 부평에 나는 안산에 살면서 만남을 이어갔고 어느 날 그 친구가 부모님에게 인사를 가자고 했다. 난 겁이 나 왜 인사를 가야 하는지 물었다.

그 친구는 언제까지 사귀기만 할 거냐고, 부모님께 허락받고 결혼을 하고 싶다고 했다. 순간, 혼란스러워졌다. 결혼! 결혼이라니!

어쩌면 그 친구에게는 결혼이 당연할 수도 있겠지만 내게는 한 번의 결혼생활의 아픔과 고통이 '결혼' 이라는 아름다운 두 글자를 두려운 두 글자로 만들어 버렸다.

결혼이라는 울타리가 나를 다시 고통스럽게 할 것만 같아 겁이 났다. 분명 그는 전 남편과 다른 사람임에도 불구하고 두려움이 밀려왔다.

내가 결혼이라는 테두리 안에서 어떻게 벗어났는데 또 결혼이라니….

그 물음 앞에 대답을 머뭇거렸다.

그 친구는 다시 만난 나를 많이 사랑했다.

우리 예진이를 받아들이고 친딸처럼 키우고 싶다고 말할 만큼 다시 만난 것이 운명이라고 생각했다. 이렇게 돌아서 다시 만날 거였다면 나는 왜 헤어져 힘든 삶을 살았을까? 엄마는 그 친구를 마음에 들어 하셨다.

이유는 한번 아픔을 겪은 불쌍한 당신 딸을 많이 사랑하는 모습이 좋았고 손녀딸에게도 잘해주었기 때문이다.

엄마는 나에게 재혼을 생각해 보라 하셨다.

딸이 이혼해서 당신처럼 평생 애들만 키우며 혼자 사는 것이 얼마나 힘든 일인지 아셨기에 딸만큼은 고생 안 하고 살았으면 하셨던 것 같다.

나는 고민 끝에 결혼을 하기로 했고 결혼 승낙을 받기까지 수많은 난관에 부딪혔다.

그 친구 부모님은 반대하셨다. 물론 충분히 그 마음은 이해할
수 있었다.

당신 아들은 총각이고 나는 애 딸린 이혼녀인데 어느 부모가
허락하실까?

당신 아들이 철없이 행동한다고 생각하셨고 이러다 말겠지 하
셨던 것 같다.

어머님은 나에게 아이를 데리고 재혼한다는 건 쉬운 일이 아니
며 절대 행복해질 수 없다고 하셨다. 처음에 예쁘게 잘 만나 결
혼 했으면 얼마나 좋았겠냐며 당신 또한 아들이 오토바이 사고
로 힘들 때 내가 옆에 있어 주어서 너무 고맙고 힘이 되었다고 하
셨다. "그때 헤어지지 말지" 하시며 다시 만난 것에 대해 안타까

워하셨다.

　또한 당신이 살아온 삶의 경험에서 얻은 조언을 하시며 걱정스러운 마음과 아들을 사랑하는 부모의 마음으로 반대하셨지만 끝내 헤어지지 못하는 것을 보고 결혼을 허락하셨다.

다시 부른 이름, '하나님'

"하나님 제발 이혼하게 해 주세요."

나는 절실하게 예진이 아빠에게서 벗어나고 싶었다.

예진이 아빠에게서 벗어난 후 우연히 길에서 그를 만났다.

그는 자기 전화를 받지 않았고 예진이를 보여주지 않았다며 갑자기 달려와 나를 때렸고 평생 이혼 안 해줄 테니 늙어 죽을 때까지 혼자 살라고 막말을 했다. 나는 너무 무서웠다. 회사 동료가 말렸기에 크게 다치지 않았다.

어쩌면 하나님은 불쌍한 나를 그 사람의 마음을 움직여 도와주신 건 아니었을까?

하나님을 멀리한 나를 여전히 사랑하시고 나를 버리지 않으셨던 그분의 마음을 나는 그때에는 알지 못했다.

이혼하게 해 달라는 막연한 기도에 정말 이혼을 하게 되었다. 정말 하나님이 내 기도를 들어주신 걸까? 잠시 생각을 하면서도 그냥 운이 좋아 그렇게 된 것처럼 그분을 신뢰하지 않았다.

하지만 정말 이해할 수 없는 건 내가 순조롭게 이혼을 했다는 것이다. 그 사람 성격에 그렇게 쉽게 이혼을 해 주었다는 것이 지금도 믿어지지 않을 만큼 신기하다.

그 사람은 이혼을 미끼로 나를 찾아올 수도 있고 나를 끌고 가 사정 없이 때릴 수도 있는 사람이었다. 그런데 순순히 이혼을 해 주었다. 하나님이 도와주시지 않았다면 가능하지 않았을지도 모른다. 나는 그동안 찾지도 않았던 하나님의 이름을 한번 불렀을 뿐이데… 그분은 나를 도와주셨다. 그런데 나는 그분의 은혜를 잊어버리고 더 이상 하나님을 찾지 않았다.

지적장애입니다

짝사랑했던 친구
그 친구가 첫사랑이 되고
또 내 남편이 되었다.
가슴 설레게 했던 친구
맘껏 행복하게 지내자
맘껏 사랑하자.
그 사랑이 나는 영원할 줄 알았다.

결혼은 현실로 다가왔고 이제 내 인생에도 행복할 일만 남았다고 생각했다.

결혼하기 전 집을 구해야 했고, 그보다 먼저 인천에 어린이집을 알아봐야 했다.

장애인 전담 어린이집을 알아보았지만 자리가 없었다. 대기 시켜 놓으라는 말밖에는 하지 않아 마음이 다급해졌다. 그러다 한 군데 자리가 났는데 그곳이 간석동이었다. 나는 다른 곳은 알아볼 필요도 없이 간석동으로 보금자리를 정했다.

이사를 오고 예진이를 어린이집에 입소시키고 달콤한 신혼을 꿈꾸며 그렇게 새로운 가정을 이루었다. 그 친구는 이제 남자친구가 아닌 남편이 되었고 우리 예진이에게는 아빠가 되었다.

우린 가진 것이 없었기에 맞벌이를 해야 했고 예진이를 돌봐 줄 사람이 필요했기에 처음부터 엄마랑 함께 살았다. 나는 아무 생각이 없었다. 늘 함께했던 엄마였기에 너무 편하고 좋았지만 남편은 많이 불편해했다.

방이 두 개였는데 우리 부부 방과 또 한 방은 엄마와 예진이 방으로 정했다. 그런데 예진이가 울었다. 엄마랑 같이 자겠다고, 늘 엄마랑 붙어있었던 예진이었기에 나는 과감하게 떨어뜨려 재울수가 없었다. 그래서 우리는 셋이 함께 잠을 잤다.

그리고 동생 또한 지낼 곳이 없어서 당분간 함께 살았다.
우리는 달콤해야 할 신혼이 달콤할 수가 없었다.
나는 우리 가족과 함께 사는 것이 남편을 그토록 힘들게 하는지 몰랐다.
몇 달 후, 동생은 안산으로 가고 나도 직장을 구해 일을 시작했다.

또한 예진이는 열심히 언어, 인지, 놀이치료를 했지만 호전되지 않았다. 예진이는 눈만 뜨면 울었다.
의사소통이 어려웠고 말로 표현을 해야 하는데 못하니 울음으로 표현했다.

대소변을 장난감에 보기도 하고 베란다에 세제를 다 쏟고 휘적거리며 놀기도 했다.

예진이 나이 6살, 남편은 자라면서 더 도드라지는 예진이의 행동을 이해하지 못했다. 나는 불안한 마음에 하던 일을 중단하고 예진이가 좋아질 거라고 믿고 예진이의 치료에 집중했다.

7살이 되어 한글 공부를 시키고 인지, 언어, 미술, 놀이치료를 위해 정신없이 뛰어다녔다.

그리고 뱃속에는 새 생명이 자라고 있었다.

임신 초기라 좋은 것 보고 맛있는 거 먹고 행복한 생각을 하며 쉼을 가져야 했지만 전혀 그럴 수가 없었다.

그리고 예진이의 발달검사를 받기 위해 병원을 갔고 검사 결과는 충격 그 자체였다.

"어머니 아이는 지적장애입니다."

그동안 노력했고 또 의사 선생님 말이 열심히 노력하면 괜찮아질 거라고 했으니까 당연히 아닐 거라 생각했다. 검사 결과를 듣고 돌아오는 전철 안에서 흐르는 눈물을 주체할 수 없었다.

감정이 진정 되지 않았다.

'뭐가 잘못되었을까? 열심히 딸을 위해 노력 했잖아.'

모든 게 원망스러웠고 잠을 이룰 수가 없었다.

내 딸에게 장애를 안겨준 것이 꼭 내 잘못 같다는 생각에 죄책감이 밀려왔다.

'차라리 세상에 태어나지 않았다면 좋았을 것을…' 평생 장애를 안고 살아갈 내 딸과 평생 장애아를 키워야 할 내 처지가 한탄스러웠고 무섭고 겁이 났다.

뱃속의 아이는 어쩌지?

남편은 자기 아이도 아닌데 장애를 가진 아이를 평생 안고 가야 한다. 복잡한 생각에 잠 못 이루다 어느 날, 나는 남편에게 헤어지자고 말했다. 남편은 기가 막힌 얼굴로 날 쳐다보았고 나는 도저히 이 모든 상황을 감당할 수 없었다. 결혼생활을 유지하는 건 남편에게도 나에게도 서로 불행할 뿐이라고 생각했다. 아직 몇 주 안 된 뱃속 아기도 지우자고 말했고 결국, 남편과 큰 소리로 말다툼까지 했다.

힘들게 결혼 허락을 받았고 꿈 같은 가정을 이루었고 마냥 행복할 줄만 알았던 결혼생활이 예진이의 장애 판정으로 한순간에 무너지기 시작했다.

헤어지기로 한 내 결심은 변함없었고 아기를 지우려고 결심했으나 나는 도저히 지울 수 없었다.

세상 빛도 보지 못한 아기는 무슨 죄가 있는가… 엄마인 나는 그렇게 아기를 지켰다.

남편은 헤어질 수 없다고 말했고, 그렇게 모든 상황을 받아들인 채 결혼생활을 유지했다.

초등학교 앞에서

2009년 3월, 초등학교 앞에 나는 서있다.

어찌 저 산을 넘을까

피할 수만 있다면 피하고만 싶었다.

결국 이 상태로는 학교에 보낼 수 없어 1년을 유예시키고 예진이를 9살에 학교에 보내기로 했다. 대신 유예시킨 1년 모질게 한글을 가르쳤다.

'바보 소리는 듣게 하지 말아야지', '한글은 읽게 해야지', 회초리를 옆에 두고 예진이를 모질게 가르쳤다. 낮은 지능을 가진 예진이는 한글을 배우면서 많이 울었다.

엄마, 어려워요. 몰라요.

공부해야 해! 바보로 살거니!

글도 모르는 바보 될 거야!

한글은 떼고 학교 가야지!

낱말카드를 꺼내놓고 매일 수없이 반복했다.

읽는 것도 안되었지만 따라 쓰는 건 더더욱 안되었다.

안 한다고 떼를 쓰면 내 손엔 어김없이 회초리가 들려있었다.

그때 예진이는 얼마나 무서웠을까!

못난 엄마 때문에 얼마나 힘들었을까!

예진이를 바보로 만들고 싶지 않은 내 욕심이 예진이를 힘들게 했다.

그때에는 한글만 배우면 예진이가 괜찮을 거라고 생각했기 때문이다.

결국 예진이는 한글을 다 알게 되었다.

악착같이 한글을 떼고 학교에 입학을 시켰지만 똘똘해 보이는 다른 아이들 앞에 나는 또다시 주눅이 들고 말았다.

하교 후, 예진이를 데리러 갔는데 뒤처리를 못했던 아이는 손에 대변을 묻히고 옷에 여기저기에 대변을 묻힌 상태였다.

화가 나 견딜 수 없어 "도대체 왜 그러는 거야!!" 소리를 질러 버렸다.

뒤처리를 잘 못하는 걸 알면서도 장애를 숨기고 싶었던 나는 그 상황이 용납이 안되었다.

나는 누군가 예진이의 장애를 눈치라도 챌까 예진이에게 말이라도 걸어올 것 같으면 예진이의 손을 잡고 그 자리를 벗어났다. 그리고 누구라도 예진이에게 싫은 소리를 하면 무조건 달려들어 막말을 했다.

내 딸에게 아무 말도 하지 마.

내 딸에게 다가오지 마.

그냥 당신 손주나 똑바로 키우세요.

상대가 어린아이든 노인이든 상관없었다. 나는 그렇게 하는 것이 예진이를 지키는 일인 줄 알았다. 그것이 엄마인 내가 할 수 있는 최선이라고 생각했다.

예진이가 바보 소리를 듣지 않게 하려고, 미심쩍은 눈초리로 내 딸을 바라보는 시선에서 벗어나고 싶어서 온몸으로 내 딸을 지켰다.

내 딸을 있는 모습 그대로 인정하며 사는 것이 그렇게도 어려웠을까… 예진이의 장애를 인정하고 받아들이기로 작정한 때가 언제였을까? 장애를 인정하기 전까지 나는 숨 막히는 괴로운 삶을 살아야만 했다.

못난 아빠와 엄마

비가 세차게 쏟아지던 날, 둘째가 예정일보다 빨리 나오려고 했다. 진통이 오자 나는 급하게 병원으로 갔다. 큰딸을 제왕절개로 낳았기에 둘째도 제왕절개로 낳아야 했다. 그렇기에 수술 날짜를 미리 잡아놨는데 생각지도 않게 진통이 온 것이다. 급하게 수술을 하게 되었고 건강하게 둘째가 태어났다.

예정일보다 2주나 빨리 태어난 아기는 너무 사랑스럽고 예뻤다.

남편도 무척 좋아했다. 세상에 하나뿐인 자신의 아들이 생긴 것이다.

시간이 지날수록 둘째는 똑똑하게 잘 성장하였고 큰딸 예진이는 또래 친구들보다 점점 더 뒤쳐지고 고집만 센 아이로 자랐다.

남편은 예진이보다 둘째를 더 예뻐하였고 나는 차별하는 남편을 보며 화가 나서 견딜 수가 없었다.

예진이를 야단치는 것도 싫었고, 예진이의 행동을 이해 못 하는 것도 싫었다.

자기 자식이 아니라서 차별한다는 생각을 했다.

남편을 향한 나의 부정적인 시선은 그렇게 서로를 힘들게 만들었다.

못난 엄마와 아빠의 갈등은 점점 심해져 갔고 둘째 창현이는 화목하지 않은 가정환경 속에서 성장했다.

나는 아이 둘 키우는 일이 너무 힘들었다.

큰딸 예진이는 말문이 터지면서 온종일 같은 말을 반복했다.

혼자 말을 하고 혼자 대답을 하고, 나는 그 모습이 미칠 듯이 싫었다. "혼잣말하지 마!!"

아무리 말해도 소용이 없었다. 의사소통이 되지 않으니 모든 것이 힘들었다.

마음대로 행동하고 고집을 부리는 모습에 나는 지쳐갔다.

술을 좋아해 매일 술을 먹다시피하는 남편이 너무 싫었다.

미움과 분노, 배신감이 밀려왔다.

이럴 줄 알았으면 절대로 재혼은 하지 않았다고 화를 냈고, 그러다 큰 소리를 내며 싸우고 울 때가 많았다.

그리고 나는 마음의 빗장을 닫아 걸고 집 밖으로도 나가지 않았다.

나는 나 자신을 불행의 테두리 안에 가둬버렸다.

그리고 모든 것을 원망했다.

세상을 원망했고, 내 부모를 원망했으며, 남편을 그리고 하나님을 원망했다.

왜 나에게는 고통스러운 일만 일어나는지, 좀 평범하게 편안하게 그냥 남들 사는 것처럼 그렇게 살면 안 되는 건지, 숨이 막혀 미칠 것 같았다.

삶은 지옥이었고, 그만 살고 싶었다. 나는 몇 번이고 옥상으로 올라갔다.

죽어버린다고, 죽어야겠다고 하자 엄마는 나를 따라 옥상으로 올라오셨고 제발 그만하라고 뭐 하는 짓이냐고 야단을 치셨다.

나는 온통 원망을 엄마에게 쏟아내며 소리를 질렀다.

엄마는 얼마나 가슴이 아프셨을까? 못난 딸은, 엄마의 가슴에 대못을 박고도 그렇게 나만 피해자라고 끝까지 엄마의 마음을 아프게 했다.

그리고 가장 사랑받아야 할 둘째아이는 불화와 싸움이 만연한 가정에서 피해자가 되어가고 있었다.

그렇게 우리는 아들에게도 못난 아빠와 엄마였다.

바다에 갔지

바다와 맞닿은 파란 하늘을 보며
크게 숨 한번 들이쉬고 나면,
가슴이 뻥 뚫린다.

넘실거리는 파도를 쳐다보고 있노라면
답답하고 힘든 마음 다 받아 줄 것 같아
마음이 편해진다.

바다 위를 자유롭게 날아다니는
갈매기를 보면 아무 걱정 없는 것
같아 부럽다.

내 안에 웅크리고 있는 무언가는
내 안에 갇혀 허우적거리는데
갈매기처럼, 파도처럼,
다 끄집어내
바다에 던져버리고 싶다.

죽음의 벼랑 끝에서

전 남편에게서 벗어나던 날, 나는 자유를 찾았고 나의 고통도 끝났다고 생각했다.

사랑하는 사람과 결혼을 하여 행복할 줄만 알았던 나의 삶에 고통은 끝난 것이 아니라 계속 이어져 나를 힘들게 했다.

내 마음에 고통의 씨앗이 심겨져 그 고통은 점점 더 크게 자라고 있었다.

그때는 몰랐지만 시간이 지난 뒤에 알았다.

마음에 상처를 치유하지 않은 채 살았기에 전 남편으로 인해 눌려있던 감정과 상처들이 시한폭탄처럼 터져 나왔다.

그 상처는 내가 사랑하는 사람들의 마음을 아프게 했다.

내 머릿속 생각은 늘 부정적이고 그 부정적인 생각은 나를 불행의 늪으로 더 깊이 끌어들였다.

예진이가 장애아가 되었다는 죄책감, 지속적인 가위눌림, 그토록 의지하고 사랑했던 남편에 대한 미움, 둘째마저 잘못될 것만 같은 불안함, 이 모든 불행의 늪은 결국, 죽고 싶다는 생각으로 가득 차고 하루하루 죽음을 생각했다.

늘 나를 따라다니는 불행은 죽어야 끝이 날 것 같았다.

꼭 무언가 나를 조종하듯 자살을 생각했다. 자살 사이트에 들어가 보려 했지만 사이트가 막혀 들어갈 수가 없었다.

어느 날 남편과 술을 마시며 대화중 여전히 말다툼이 일어났다.
남편은 화를 내며 밖으로 나가버렸고 그렇게 나가버린 남편을 바라보며 나는 너무 화가 나 밀려오는 감정을 주체할 수 없었다. 남편의 등 뒤에서 소리를 지르며 펑펑 울었다.
남편은 뒤도 돌아보지 않고 밖으로 나가버렸다.
나 좀 봐달라고, 나 좀 살려달라고, 그당시 남편에게 기대고 싶은 마음이 절실했던 것 같다.
나는 혼자 또다시 술을 마셨고, 진짜 죽어야겠다는 생각이 나를 사로잡았다.
나는 넋이 나간 채 울며 천 기저귀를 잘라 이어 묶어 긴 줄을 만들고 베란다 천장 건조대에 걸쳐 목을 매어 죽을 생각을 했다.

그리고 어린 예진이에게 말했다.
"예진아, 엄마는 살아가는 것이 너무 힘들어,
너랑 나랑 같이 죽자."
나는 평생 장애를 안고 살아갈 예진이를 키울 자신도 없고 내 인생을 따라다니는 불행한 삶을 죽을 때까지 더 겪으며 살아갈 자신이 없었다.
나 혼자 죽자니 혼자 남겨질 예진이가 걱정이 되었다. 그때, 예진이가 울면서 말했다. "예진이 안 죽을 거예요, 무서워요." 순간 정신이 번쩍 들었다.

내가 지금 무슨 짓을 하려고 한 것인지, 이 가여운 아이에게 무슨 말을 한 것인지… 나는 예진이를 안고 펑펑 울었다.

삶은 지옥인데 마음대로 죽지도 못한 채 하루하루 괴로움 속에 살아갔다.

무언가 날 붙잡아 주길 간절히 바랐지만 그게 무언지 알 수 없었다. 남편이었을까? 아니면 웃음을 잊어버린 나 자신이었을까? 아니면 주위에 누군가의 도움이 절실히 필요했을까?

나는 그렇게 죽음의 벼랑 끝에 위태하게 서 있었고 그때 하나님이 찾아오셨다.

더 이상 아프지 않아

꼭꼭 숨겨두고 꺼내보기 싫었던
나의 아픈 시간
오늘 문득 사진 한 장 꺼내보고
싶다는 생각이 들었다.
그리고 아팠던 나를 만난다.
삶의 희망이 없는 사진 속의 나
행복도 없고 기쁨도 없고
초췌하기만 한 예쁘지 않은 모습으로
한 손엔 장애가 있는 큰딸의 손을 잡고
등에는 둘째를 업고
가장 예뻐야 할 나이에
가장 못난 모습으로 서있다.

지적장애를 가진 딸을 키우며 수없이
울었던 시간
과거의 아픈 시간 보내주지 못하고
가슴에 품고 지내온 날들
한고비 넘어가야 하는데

곱이곱이마다 가시밭길 같은 인생
왜 그리 두렵고 무서웠는지
어떻게 살아야 하나
어떻게 살아갈 수 있을까.

숨이 턱 막혀 한숨을
몰아쉬고 또 몰아쉬어도
뻥 뚫리지 않았던 답답한 나의 마음

많이 아팠겠다.
많이 힘들었겠다.
많이 외로웠겠다.

상처투성인 그 시간 어떻게 견디고 살았을까?
힘든 시간이 가슴을 파고들어
내 마음이 시리고 아프다.

시한폭탄 하나 가슴에 품고
살아온 인생
언제 터질지 몰라 가슴 졸여하며
하루하루 살았던 시간
그 시간 이제 놓아주려 한다.
안녕, 잘 가.

아팠던 시간이 손을 흔든다.

이제 괜찮아,
하나님을 만났거든.
이제 그 시간을 만나고
또 만나도 아프지 않아.
더 이상 울지 않아.
꽁꽁 숨겨두었던 나의 시간아
이제 당당하게 세상 밖으로 꺼내줄게.
그 시간 잘 견디고 지나와줘서 고마워.

꺼내보기 싫었던 사진 한 장
사진 속 아픈 나에게 처음으로 웃어주었다.

소중한 만남

둘째아이를 유모차에 태우고 예진이를 매일 등하교를 시켰다. 하교 후에는 치료센터에 갔다.

그날도 어김없이 치료센터로 갔고, 밖에 혼자 서 있는 아이를 보았다.

나는 "너 왜 안 들어가고 혼자 밖에 서 있니?" 물어봤지만 아무 말이 없다.

나는 센터 안으로 들어가 밖에 여자아이가 서 있는데 데리고 들어와야 할 것 같다고 말했더니 한 분이 "괜찮아요, 그냥 두세요. 벌 받는 거라 시간 되면 들어올 거예요."

그분은 아이 엄마였는데 너무 태연스럽게 말했다.

나는 걱정이 되어 아이 혼자 밖에 못 세워 둘 것 같은데 이 엄마는 걱정도 안 되나? 속으로 생각했다. 잠시 후, 그 아이는 안으로 들어왔다.

나이가 예진이 또래 같았다.

나이를 물어보니 예진이랑 동갑이었다.

나는 예진이와 친구가 되면 좋겠다는 생각이 들었다.

그 아이 엄마는 나와 띠동갑이었고 센터에서 근무하고 있었다.

나보다 나이가 많아서인지 친언니처럼 편하게 대해주었고 나는 말벗이 생긴 것 같아 기분이 좋았다.

같은 장애를 가진 아이를 키우는 입장이라 그런지 소통이 잘 되었던 것 같다.

그 언니는 우리 집 근처에 살았고 나는 자주 언니 집으로 갔다. 아침에 예진이를 등교 시키고 언니네 집으로 가서 커피를 마시며 수다를 떠는 것이 즐거웠다.

언니는 교회를 다녔고 나에게 다시 교회에 다니기를 권유했다.

나는 교회에 다니고 싶다는 생각은 들지 않았다.

교회에 다니면 축복이 온다고 하던데 축복은커녕 불행만 가득한 내 인생이었기에 하나님이 살아계심을 신뢰하지 않았다.

언니에게 내가 살아온 삶에 대해 이야기를 했고 언니는 하나님이 나를 많이 사랑하신다고 했다. 나에게 장애 아이를 주신 건 다 이유가 있다고, 어쩌면 예진이를 통해 나를 구원시키기 위한 하나님의 뜻일지도 모른다고 했다. 나는 순간 화가 나서 언니에게 반박했다.

하나님이 나를 구원시키지 않아도 좋으니 예진이가 장애인이 아닌 정상인이었으면 좋겠다고 말했다. 그럼에도 난, 이 언니가 싫지 않았다.

어느 날 언니는 집사님 한 분을 초대했다.

나이가 우리 엄마 또래는 되어 보였다.

그분이 오시더니 갑자기 언니에게 "사모님!" 하고 불렀다.

난 깜짝 놀라 속으로 외쳤다. "사모님이라고!"

언니 남편은 목사님이셨다. 목동에 있는 교회에서 부목사님으로 계셨다.

처음 만났을 때 교회 성도라 그랬는데 갑자기 사모님이라는 사실에 놀라지 않을 수 없었다.

'난 이제 이 언니에게 뭐라고 불러야 하나?'

그리고 내가 교회 성도가 아닌 사모님과 인연을 맺고 지냈다는 것이 신기하기도 했다.

언니는 집사님을 나에게 소개해 주었고 그분은 포근하고 따뜻한 분이셨다. 세상과 등지며 외롭게 살았던 나에게 처음으로 좋은 사람들이 생겼다.

언니는 집사님에게 "현미 좀 집사님 교회에 데려가요." 했고

그분은 나에게 당신 교회에 한 번만 가보자고 했다. 그렇게 교회에 가기 귀찮고 싫었던 나였는데 알았다고 대답해 버렸다.

그렇게 또다시 나는 교회로 발걸음을 내디뎠다.

야곱아 너를 창조하신 여호와께서 지금 말씀하시느니라 이스라엘아 너를 지으신 이가 말씀하시느니라 너는 두려워하지 말라 내가 너를 구속하였고 내가 너를 지명하여 불렀나니 너는 내 것이라 (이사야 43장 1절)

하나님은 나를 버리지 않으시고 벼랑 끝에 서 있는 나에게 소중한 만남을 통해 찾아오셨다.

그때에는 몰랐지만 지금은 너무나 잘 알기에 하나님께 그저 감사할 뿐이다.

나는 집사님을 따라 교회에 갔다. 그러나 오래간만에 교회에 가서 그런지 많이 낯설었다.

말씀은 귀에 잘 들어오지 않아 지루했지만 찬양은 여전히 좋았다. 찬양은 상처투성인 내 마음을 위로해 주었고 세상에서 받지 못했던 따뜻함이 찬양 속에 흘러나와 내 마음을 포근히 감싸 주었다.

나는 집사님을 따라 주일예배에 갔지만 열심히 다니지는 못했다. 난 그동안 세상에 너무 익숙해져 살았고 교회에 다닌다 해도 세상과 더 가까이 있었기 때문에 하나님을 온전히 내 마음에 모시질 못했다.

교회에 등록하고 그렇게 1년은 집사님을 따라다녔던 것 같다.

물론 사모님 언니도 매일 만났다. 만나면 언니가 다니는 작은 교회로 가서 함께 기도했다.

목사님은 목동에 있는 교회에서 사역하셨지만 언니는 장애가 있는 딸과 어린 아들을 데리고 목동까지 다니기 힘들었기에 동네 작은 교회에 다니고 있었다.

언니는 새벽에 기도하고 아이를 학교에 보내고 교회에 가서 또 기도했다.

나는 이해가 되지 않았다.

새벽에 기도했는데 아침에 또 기도하는 이유를… 참 힘들게 사는 것 같다고 생각했다.

교회 다니는 건 좋은데 적당히 믿는 게 좋을 것 같다고 생각했던 때였기에 당연히 기도를 많이 하는 언니가 이해되지 않았다.

처음에는 언니와 차를 마시며 수다를 떨고 싶어 언니를 따라갔다.

언니는 큰 소리로 기도를 했다.

기도를 시작하면 30분 정도 하는 것 같았다.

나는 기도를 못했기에 아주 작은 목소리로 1분 정도 기도를 하면 끝이 났다.

그런데 언니는 줄줄 쉬지도 않고 기도를 하는데 그저 놀랍고 신기할 뿐이었다.

나는 언니가 기도하는 걸 가만히 들으면서 기도가 끝날 때까지 기다렸다. 너무 지루하고 힘들었다. 하지만 나는 끝까지 기다렸다.

기도가 끝나면 커피를 마시며 대화를 할 수 있는 시간을 가질 수 있기에.

어느 순간부터 언니는 항상 내 옆에 있었고 없으면 허전할 정도로 친 언니 같은 존재가 되어있었다. 그렇게 몇 개월을 언니를 따라 아침에 교회에 갔고 놀랍게도 기도가 조금씩 길어지는 나를 발견했다.

서당 개 삼 년이면 풍월을 읊는다는 말이 꼭 날 두고 하는 말 같았다. 매일 언니의 기도를 들었고 따라 하다 보니 기도가 늘어 있었다.

언니가 큰 소리로 기도를 하라고 해서 큰 소리로 하기 시작했다. 나중에는 큰 소리로 기도하는 것이 전혀 이상하지 않았다.

하나님은 그렇게 나를 훈련시키셨다.

침묵하시는 하나님

나는 언니와 만나면 늘 기분이 좋았고 무엇보다 교회에 가면 찬양하며 위로를 받았다.

그런데 딱 거기까지였다.

집으로 들어오면 여전히 힘든 시간이 나를 기다리고 있었다.

숨이 막히고 짜증이 나고 답답했다.

나는 교회를 다시 다니면서 유창하진 못해도 하나님께 기도드렸다. 하지만 나의 삶은 달라지지 않았다.

매일 술을 마시는 남편의 술 취한 모습은 너무나 보기 싫었다. 남편이 말을 걸어오면 내 말투는 늘상 퉁명스러웠다.

언제부터인가 남편은 별일 아닌 일에도 민감했고 화가 나면 참지를 못했다.

나는 남편의 행동을 이해할 수 없었고 둘의 싸움은 밥 먹듯이 잦았다.

그런 남편과의 갈등은 더욱 심해져만 갔고 날 너무 고통스럽게 했다.

예진이는 자라면서 고집이 더 세졌다. 집중력도 많이 떨어져 산만했고 자기 통제가 잘 안되어 자기 마음대로 행동을 했다.

통제를 하면 할수록 청개구리처럼 말을 전혀 듣지 않았다.

내가 교회를 다니고 사모님 언니를 만나는 건 살기 위함이었다.

집에 들어가면 어떠한 위로도 쉼도 없었다.

집은 나에게 안식처가 아닌 들어가기 싫은 지옥 같은 곳이었다.

집으로 들어가는 순간 밀려오는 답답함이 고스란히 느껴지고 감당해야만 하는 짐이 나를 엄습해 온다. 불안하고 우울한 감정은 시도 때도 없이 나를 괴롭힌다.

그냥 화가 나 견딜 수 없고 그러다 눈물이 주룩 쏟아지고 내가 너무 불쌍했다. 정신과에서 우울증 약을 여러번 처방받았다.

하지만 우울증 약을 먹는다고 해서 우울증이 사라지는 건 아니었다. 먹을 때뿐 시간이 지나면 우울증이 또 찾아온다.

나는 삶이 너무 고통스러워 교회에 간다. 그리고 울면서 기도한다. 나 좀 살려달라고.

하지만 달라지는 건 없었다. 하나님은 내 기도에 침묵하신다.

하나님을 만나 축복을 받았다고 평안을 찾았다고 응답을 받았다고 수많은 간증들이 쏟아져 나오는데 나는 교회를 다녀도 어떤 평안도 축복도 없었다.

하나님한테도 버림받은 기분이었다.

나는 끝나지 않는 터널에 갇혀 터널 끝을 바라보며 언제쯤 이 터널을 빠져나갈 수 있을까? 한숨 쉬는 날들이 매일 이어졌다.

터널에 갇혀

끝나지 않을 것 같은 터널에 갇혀
나는 괴로워한다.
일어나 걷고 또 걸어도 빠져나오지
못하는 어두운 터널 속
나는 터널에 갇혀 울고 있다.

터널 끝… 빛을 바라보며
빠져나가고 싶어 힘을 쓰지만
가까이 가지 못하고 주저앉아버린다.
그때, 터널 끝에 누군가 서 있다.
너무나 따뜻해 보이는 그곳에
이미 터널 밖을 빠져나온 또 다른 내가
나를 부르고 있다.
힘내어 보라고, 잘 오고 있다고
터널에 갇힌 게 아니라 터널 끝을 향해
조금씩 빠져나오고 있다고
더 힘을 내라고
내가, 나에게 응원해 준다.

회개하게 하신 하나님

나는 교회에 다니는 것이 의미 없는 일처럼 느껴졌다. 주일예배도 뜨문뜨문 다니기 시작할 때쯤 나를 전도한 집사님이 집으로 찾아오셨다.

교회에서 부흥회를 하는데 가보자고 하셨다. 장경동 목사님이 강사로 오신다는 거였다. 장경동 목사님은 TV에도 나오셨고 워낙 유명하셨기에 방송에서 몇 번 말씀을 들은 적이 있었다. 말씀도 너무 재미있게 하셔서 시간 가는 줄 모르고 말씀을 들었었다.

그래서 나는 고민할 것도 없이 부흥회에 참석하였고, 직접 얼굴을 대하니 신기하기도 하고 재미있는 설교 말씀에 시간 가는 줄 몰랐다.

나는 집회에 빠지지 않고 나갔고, 마지막 저녁 집회에 참석해 은혜를 받았다.

장경동 목사님은 설교를 끝내시고 기도에 들어가기 전에 이런 말씀을 하셨다.

부흥회에 참석하신 많은 성도님들 중에 단, 한 명이라도 은혜를 받는다면 당신은 이번 집회에 성공한 거라고 하셨다. 그리고 하나님께 회개 기도를 하라고 하셨다.

사실 난 회개 기도를 한 적이 별로 없었던 것 같다. 딱히 내가 죄를 짓고 살아간 적이 없다고 생각했기 때문이다.

남을 해코지를 하거나, 도둑질하거나, 큰 죄를 지은 것이 없기에 가만히 눈을 감고 기도했다.

"하나님 저는 딱히 죄를 지은 것이 없는 것 같은데 혹시 제가 지은 죄가 있다면 좀 알려주세요." 그런데 너무 신기한 일이 일어났다.

내 눈앞에 어릴 적부터 이날 부흥회를 오기 바로 직전까지 나의 잘못된 행동들이 사진 필름처럼 정신없이 지나갔다. 나의 두 눈에는 눈물이 펑펑 쏟아졌다.

나는 "하나님 제가 잘못했어요, 저를 용서해 주세요."라고 수없이 반복하며 죄를 회개했다.

나는 알았다. 내가 은혜를 받았다는 것을….

회개 기도는 꼭 큰 죄를 지어야만 하는 것이 아니라 하나님 앞에 아주 작은 죄까지도 고백해야 한다는 것을 체험을 통해 알려 주셨고 감사하게 하나님은 불쌍한 나에게 당신을 만날 수 있도록 회개의 기회를 열어 주셨다.

처음으로 느낀 신비한 체험이었고, 하나님이 정말 살아 계신다는 것이 믿어지는 날이었다.

매 순간 나는 거룩한 하나님 앞에 죄인이었다.

"예수께서 대답하여 이르시되 건강한 자에게는 의사가 쓸 데 없고 병든 자에게라야 쓸 데 있나니 내가 의인을 부르러 온 것이 아니요 죄인을 불러 회개시키러 왔노라" (누가복음 5장 31~32절)

꿈으로 알려주시는 하나님

나는 새벽에 일어나 기도를 하기 시작했다.

새벽에 교회로 가지는 못하고 집에서 기도하고 성경 말씀도 읽었다. 성경 말씀은 너무 어려웠지만 그래도 계속 읽었다.

읽다가 말씀을 쓰고 싶어 노트에 필사를 했다. 이해하지 못 하면서도 그냥 쓰고 싶었다. 그런 내 모습이 스스로 신기하기도 했다. 하나님이 자석처럼 나를 끌어당기는 것 같았고 나는 하나님이 어떤 분인가 점점 궁금해졌다. 처음 남편을 만나고 내 심장이 뛰었던 것처럼 하나님을 향한 나의 첫 믿음의 심장이 뛰기 시작했다.

나는 새벽에 기도를 하다 잠이 들었고 그때 신기한 꿈을 꾸었다. 마치 전쟁을 연상케 하는 꿈이었다. 마을에 적군이 쳐들어와 하나님을 믿는 사람들을 총으로 쏴 죽였다. 나는 함께한 사람들과 도망을 갔고 깊은 산속으로 숨어 들어갔다. 그곳에는 낡은 집한 채가 있어 우리는 그곳으로 들어갔다. 그 집이 우리는 피난처가 될거라 생각했다. 그 집에는 또 하나의 문이 있었다. 문을 열고 들어서니 또 하나의 방이 나오고 그 방에는 나가는 문이 있었는데 문에 십자가가 크게 달려 있었다.

십자가를 바라보고 있는데 적군은 우리가 숨어있는 곳을 알아냈고 우리에게 다가오고 있었다. 우리는 급히 서둘러 십자가가 달려있는 문을 열고 도망을 쳤다.

저 멀리 적군이 군대처럼 몰려와 총을 들고 사정없이 쫓아왔다.

그리고 우리를 향해 무언가를 던졌는데 갑자기 커다란 불길이 되어 무섭게 다가오고 있었다. 우리 모두를 불로 다 태워 죽일 셈인듯 했다.

꿈이지만 너무 무서웠고 나는 죽고 싶지 않았다.

나는 그 자리에서 무릎을 꿇고 하나님께 기도했다.

"하나님 죽고 싶지 않아요! 저희를 좀 살려주세요!!" 외치고 또 외쳤다.

정말 간절한 기도였다. 꿈인데도 불구하고 정말 간절했다.

그러자 신기한 일이 일어났다.

우리를 향해 무섭게 다가오던 불길이 멈추더니 불길이 시작한 방향으로 다시 거슬러 올라가는 것이었다. 거슬러 올라간 불길은 적군을 다 태워 죽였다.

"하나님 살려주셔서 감사합니다."

그리고 꿈에서 깨어났다. 참 신기한 꿈이었다.

그 꿈은 너무 생생하게 머릿속에 저장되었다. 하나님은 꿈을 통해 내가 간절히 기도를 할 때 그분의 능력으로 응답을 주셨다.

나는 그 후에도 새벽에 기도하고 말씀을 필사할 때마다 여러

번 꿈을 꾸었다.

그 꿈은 하나님이 알려주시는 꿈이었고 신비한 보물을 찾아낸 것처럼 나는 사모님 언니와 집사님께 꿈 이야기를 해 주었다.

두 분은 나에게 "하나님이 현미를 정말 많이 사랑하시는구나." 말해 주어 나는 기분이 너무 좋았다. 꿈속에서 나를 살리신 하나님은 꼭 홍해를 가르신 하나님을 연상케 했다.

"모세가 바다 위로 손을 내밀매 여호와께서 큰 동풍이 밤새도록 바닷물을 물러가게 하시니 물이 갈라져 바다가 마른 땅이 된지라" (출애굽기 14장 21절)

"모세가 백성에게 이르되 너희는 두려워하지 말고 가만히 서서 여호와께서 오늘 너희를 위하여 행하시는 구원을 보라 너희가 오늘 본 애굽 사람을 영원히 다시 보지 아니하리라 여호와께서 너희를 위하여 싸우시리니 너희는 가만히 있을지니라" (출애굽기 14장13~14절)

상처

하나님을 만나고 난 후 열심히 교회를 다니기로 작정했다.

오전 예배를 드리고 오후 예배도 드렸다.

예진이는 예배실에 앉아 있기 힘들어 한다.

예진이는 지적장애와 ADHD(주의력 결핍 과잉행동장애)를 동반하고 있어서 산만하고 집중력이 많이 떨어져 한자리에 가만히 앉아 있지를 못한다.

둘째아이는 무릎에 앉히고 예진이를 옆에 앉혀 준비해 온 과자를 주었다. 예진이는 과자를 다 먹으면 그때부터는 가만히 앉아 있지를 못한다.

예배실에서 나와 자모실로 들어가면 예진이는 아기들의 과자를 순식간에 낚아채어 먹어 버린다.

아기들은 울고 엄마들의 곱지 못한 시선이 느껴진다. 나는 정말 미안하고 창피하고 화도 나 예진이와 자모실에도 마음 놓고 들어갈 수가 없었다.

그래서 대예배실에서 예배를 드렸다.

예진이가 밖으로 나가려고 떼를 썼다. 예진이가 나가면 나도 따라나가 다시 달래서 들어오고 나는 예배에 집중할 수가 없었다.

오후 예배까지 드리는 일은 항상 긴장의 연속이었다.

어느 날 예배를 드리는데 서러움에 눈물이 쏟아졌다.

남들은 예배드리는 것도 자유로워 보이는데 나는 왜, 예배드리는 것조차 힘이 드는 건지 하나님께 불만을 쏟아 내었다.

'하나님, 하나님께 예배드리고 싶어 교회에 왔는데, 왜 나는 마음 편하게 예배드릴 수가 없나요? 자모실에도 못 들어가고 대예배실도 눈치 보이고 그럼 나는 어디에서 예배드려야 하나요?'

그냥 교회에서 뛰쳐나오고 싶었다.

나는 예배드리는 것이 너무 힘들었고 사람들의 눈치와 시선이 상처가 되어 마음이 아팠다. 예진이로 인해 자존감은 낮아졌고 교회로 향하는 발걸음은 더 이상 기쁘지가 않았다.

믿음으로 물 위를 걸었던 베드로가 바람을 보고 물에 빠져든 것처럼 하나님을 향해 열심을 내고자 했던 마음이 나의 아픔을 바라보는 시선 앞에 상처가 되어 그 자리에 멈춰 서고 말았다.

"베드로가 대답하여 이르되 주여 만일 주님이시거든 나를 명하사 물 위로 오라 하소서 하니 오라 하시니 베드로가 배에서 내려 물 위로 걸어서 예수께로 가되 바람을 보고 무서워 빠져 가는지라 소리 질러 이르되 주여 나를 구원하소서 하니" (마태복음 14장 28~30절)

찬양의 자리에 세워주신 하나님

"할렐루야 내 영혼아 여호와를 찬양하라 나의 생전에 여호와를 찬양하며 나의 평생에 내 하나님을 찬송하리로다"(시편 146편 1~2절)

나는 찬양이 너무 좋았다.

세상 노래와는 비교가 안될 만큼 좋았다.

마음이 속상할 때마다 나는 찬양에 위로를 받았다. 세상 누가 찬양의 가사처럼 나를 위로해 줄 수 있을까? 라는 생각이 들 정도로 찬양이 좋았다. 또한 찬양단에서 찬양하는 분들을 보면서 속으로 생각했다. 나도 저기 서 있는 분들처럼 하나님께 찬양하는 사람이 되었으면 좋겠다고… '하나님 나도 저분들처럼 찬양하는 사람이 되고 싶어요.' 나의 작은 읊조림은 꿈 같은 생각이었다. 왜냐하면 그분들은 거룩해 보였기 때문에 나와는 너무나 거리가 멀어 보였다. 찬양단에서 찬양하고 싶다는 생각은 그저 나 혼자만의 잠시 스쳐 간 생각이었다.

시간이 흐르고 나는 산만한 예진이로 인해 작은 교회에 옮겨갔다. 그런데 하나님은 그곳에서 나를 찬양의 자리에 세워주셨다.

하나님은 나 혼자 읊조렸던 그 입술을 기억하시고 계셨다. 나에게는 기적과 같은 감사한 순간이었다. 그런데 나는 좋아하는 찬양을 부르며 활짝 웃을 수 없었다.

누구보다 활짝 웃으며 사진 찍는 걸 좋아했던 나였지만 아이아빠에게 맞아 부러진 앞니를 치료하지 못하고 살았다. 부러진 이는 죽어 회색빛으로 변해 더 이상 활짝 웃을 수 없었다. 웃으면 부러지고 회색으로 변해버린 볼품없는 치아가 드러났기에 웃을 수가 없었다. 당연히 성격도 소심할 수밖에 없었다. 늘 나의 바람은 밝게 웃으며 찬양하는 것이었다.

"하나님 밝게 웃으며 찬양하고 싶어요."

하나님은 그 기도 또한 들으시고 응답해 주셨다.

하나님께서는 주안중앙교회 안수집사님을 통해 저렴한 가격으로 부러진 앞니를 예쁘게 치료해 주셨다. 지금 나는 주안중앙교회에서 찬양선교단원이 되어 활짝 웃으며 찬양을 하고 있다.

"주님, 주님께 받은 은혜가 너무 커서 주님을 사랑하는 제 마음을 찬양으로 마음껏 표현하고 싶은데 그럴 수가 없었어요. 그런데 지금 마음껏 웃으며 주님을 찬양할 수 있어서 너무 행복합니다."

작은 교회

예진이의 산만함으로 나는 예배에 집중할 수가 없었고 나의 고민은 더 커져만 갔다.

이대로 교회에 다니기가 너무 힘이 들었다.

하나님을 만나고 열심히 신앙생활을 하기로 마음먹었지만 나는 사람들의 시선과 눈치에 스스로 시험에 들었다. 더 이상 이 교회에 다니기가 싫었다.

그래서 교회를 옮기기로 하고 둘째가 다니는 어린이집을 운영하시는 목사님 교회에 한번 가보기로 했다. 교회는 어린이집 바로 위에 있었고 아주 작은 교회였다.

목사님이 차량 운행을 직접 하셨기에 자주 뵈었고 인상도 좋아 보이셨다.

나는 주일날 교회를 찾아갔다.

교회 문 앞에서 들어가기까지 한참을 망설이는데 한 분이 다가오시더니 "교회 오셨나요? 같이 들어가요." 다정히 말해 주셨고 나는 용기를 내어 그분과 함께 성전으로 들어갔다.

예배드린 후 목사님 사모님과 식사를 하면서 이런저런 대화를 나누었다.

작은 교회여서 그런지 가족 같은 분위기가 좋았다.

이곳이라면 예진이와 함께 예배드리는 것이 어렵지 않을 것 같았다.

나는 이 교회에 다니기로 하고 나를 인도한 집사님께 죄송하다는 말씀을 드리고 교회를 옮겼다.

교회를 옮긴 나는 한동안 적응하기가 너무 힘이 들었다.

그렇게 6개월이 지나갔다.

나는 인테리어에 관심이 많아 집을 꾸미는 것을 좋아했다. 셀프 도배, 페인트, 데코, 가구 리폼 등 그렇게 집을 예쁘게 꾸며 주는 것으로 마음에 허전한 곳을 채워나갔던 것 같다.

그러다 성전 구석구석 내 눈에 들어오기 시작했다. 내 집처럼 성전도 예쁘게 꾸미고 싶었다. 나는 목사님께 말씀드리고 성전을 하나둘 장식하기 시작했다.

성전은 한 곳 두 곳 예뻐졌다.

혼자 시작한 데코는 한 분 두 분 집사님들이 함께 도와주시기 시작했고 나는 봉사를 하면서 교회에 적응을 할수 있었다.

그리고 1년쯤 되었을까? 찬양단에 남자 집사님 혼자 인도를 하셨는데 목사님은 나와 여자 집사님 한 분과 함께 찬양을 하게 하셨고 그렇게 찬양단이 만들어졌다. 나는 찬양단에서 찬양을 하며 열심히 교회에 다녔고 그렇게 몇 년이 정신없이 지나갔다. 다른 성도들이 볼 때 나는 나름 신앙생활을 열심히 하는 성도가 되어있었다.

예배의 자리에 봉사의 자리에 찬양의 자리에 나는 그렇게 서 있었고 나 또한 이 정도면 열심히 하는 신앙인이라고 생각했다.

그런데 집으로 돌아오면 남편과의 갈등이 일어난다. 남편은 내가 열심히 교회 가는 것이 불만이었기에 교회 가는 문제로 자주 다툼이 일어났다.

나는 교회에 가야만 살 것 같았다. 교회에 가면 내가 할 수 있는 일이 있고 봉사를 통해 내가 존재하는 이유가 있는 것 같았고 가정의 힘든 짐도 잠깐 내려 놓을 수 있는 안식처였다. 예전처럼 힘든 삶을 끝내려고 죽음을 생각하지 않았고 어떻게든 살아보려고 나는 신앙의 끈을 붙잡고 있었다.

영적 싸움

젊은 시절 자식들을 키우며 당신 몸을 돌볼 겨를이 없으셨던 엄마는 몸 이곳 저곳이 아프기 시작하셨다.

신경성으로 불면증이 생겨 잠을 못 주무셨고 위도 안 좋아 먹으면 체하시고 소화를 시키지 못하셨다. 약을 먹어도 소용없었다. 심리적인 불안감은 엄마에게 병을 가져다주었다.

엄마는 당신의 아픈 몸을 치료하기 위해 절에 들어가 스님들 밥을 해 주시며 절에서 사신 적이 있다. 스님은 엄마에게 중이 될 팔자라 했고 아니면 무당이 되어야 한다고 하셨지만 엄마는 그 길을 가지 않으셨다.

그런 엄마를 마귀는 가만두지 않았다.

마귀는 잠이 든 엄마를 찾아와 머리채를 사정없이 흔들며 죽으라는 말을 했다고 한다. 엄마는 계속 아프셨다.

잘 드시지 못해 몸무게 38kg까지 빠져 뼈만 앙상히 남아있었던 엄마의 모습을 지금도 기억한다. 한번은 몇 날 며칠 음식을 드시지도 못하고 물 한 모금 마시지도 못했던 엄마에게 마귀는 같이 가자고 밖에서 계속 불렀다고 한다. 헛소리를 하시고 혼자 중얼거리는 엄마의 눈빛은 초점이 없었다. 뭔가에 홀린 듯 엄마는 계속 중얼거렸다.

엄마가 꼭 돌아가실 것만 같았다. 그런 엄마는 구급차에 실려 병원으로 갔고 다행히 위급한 상황을 넘기셨다.

난 그때 처음으로 엄마가 돌아가실지 모른다는 불안감에 휩싸였다.

엄마의 눈에 보였던 영의 세계, 엄마는 그것들을 두려워했고 벗어나지 못하셨다. 그런 엄마에게 내가 교회에 가자고 했을 때 엄마는 절대 그럴 수 없다 하셨다.

외갓집은 불교 집안이어서 엄마 또한 절에 다니셨다. 엄마는 안 좋은 일이 생기면 무당을 찾아갈 만큼 우상숭배를 하셨고 교회를 간다는 건 당신 생애에는 있을 수 없는 일이었다.

성경 책을 펼쳐 예수님 안 믿으면 지옥에 간다 해도 엄마는 전혀 듣지 않으셨다. 나는 하는 수 없이 엄마에게 내가 교회에 갈 때마다 아이들 때문에 예배를 제대로 드릴 수 없으니 교회에 와서 아이들만 봐 달라 했다. 엄마는 아이들을 봐 주시기 위해 교회에 왔고 나는 엄마를 내 마음대로 교인으로 등록해 버렸다. 엄마는 화를 내셨고 당신은 교회에 가면 큰일 난다고 왜 마음대로 등록을 했냐며 두려움에 화를 내셨다.

나는 그렇게까지 두려워하는 엄마를 이해할수 없었다.

"엄마 아무 일도 안 일어나 걱정하지 마."

교회에 다시니고 얼마 후 엄마는 큰 구렁이가 자신의 몸을 휘

감는 꿈을 꾸었고 그 촉감을 그대로 느끼며 두려움에 휩싸여 괴로워하셨다.

그리고 연이어 꿈에 무언가 엄마의 한쪽 눈을 세게 때렸는데 눈을 떠보니 한쪽 눈은 실 핏줄이 터져있었다. 안과에 다니며 치료를 받았지만 쉽게 호전되지 않았다.

좀 더 큰 병원으로 가 검사를 한 결과 한쪽 눈은 실명 위기에 있었고 주사로 약으로 치료해 보았지만 지금도 잘 보이지 않는다.

그 후에도 꿈을 계속 꾸며 영과 육이 힘들었던 엄마는 더 이상 교회에 못 나가겠다고 하셨지만 아이들 때문에 어쩔 수 없이 교회에 나오셨다. 그때부터 안되겠다 싶으셨는지 당신이 이미 교회에 발걸음을 내디뎠으니 열심히 교회에 다녀야 한다고 하셨고 새벽예배 또한 열심히 다니기 시작하셨다. 그래야 마귀가 당신을 힘들게 하지 않을 거라는 생각으로 마음을 다잡고 열심히 교회에 다니기 시작하셨다. 엄마는 내가 교회 다니기 전 술을 마시고 몇 번이고 죽으려 하고 사람 같지 않은 모습으로 살아가던 모습을 기억한다. 그런 딸이 교회에 다니고 죽는다는 소리가 사라졌으니 하나님의 살아 계심 또한 부정하지 못하셨다. 모든 신이 존재한다고 믿었던 엄마는 하나님을 선택하는 순간 그 신을 대충 믿으면 안 된다고 생각했다. 성경을 잘 모르시고 유창하게 기도하지는 못하셨지만 어설프게 믿었다간 이도 저도 아닌 상황이 될 거라는 걸 누구보다 잘 아셨기에 당신이 지금 할 수 있는 최선은 새벽예배였다.

그러던 중 갑자기 남동생에게 이상한 일이 벌어져 엄마와 나는 놀랄 수밖에 없었다. 동생은 창밖에 이상하게 생긴 것들이 보인다고 했다. 시커먼 괴물들이 바닥 지천에 깔려 군대처럼 덮고 있는데 목을 매어 자살한 여고생이, 키스를 하는 남자와 여자가 밤새 같은 행동을 반복하고 그 위에는 지시하는 대장 괴물이 있다고 했다. 그리고 대장 괴물과 동생의 눈이 마주쳤단다. 그것은 창문 앞에 서있는 동생에게 이리로 건너오라 손짓했고 동생은 안 간다 하니 그럼 내가 그리로 가겠다고 손짓했다고 했다. 위협을 느낀 동생은 겁에 질려 새벽에 나에게 전화를 했다. "누나 나 좀 살려줘." 동생의 목소리는 너무 다급해 보였다.

"왜 뭔 일인데?"
"누나 안 오면 나 죽을지도 몰라."
겁에 질린 목소리를 들으니 당장이라도 큰일이 생길 것만 같았다. 내 심장은 미친 듯이 뛰었고 다리가 떨려 일어설 수가 없었다.
하나님께 도와달라고 담대함을 달라고 기도하고 엄마와 함께 동생 집으로 갔다. 동생한테 가니 손에는 프라이팬이 들려 있었고 얼굴은 새파랗게 질려있었다.
"너 왜 그러는 거야?"
동생은 창밖을 좀 내다보라고 저것들이 나를 죽이려 한다고 하는데 창밖에는 아무것도 없었다.
"뭐가 있다는 거야?"
동생은 저것들이 안 보이냐며 나에게 화를 냈다.

"시커먼 것들이 지천에 깔렸잖아!!"

경찰이 출동했다. 내 눈에 보이지 않았던 것이 분명 동생 눈에는 보이고 생명에 위협을 느낀 동생은 경찰에 신고를 한 것이다. 도저히 이해할 수 없는 행동이었지만 동생은 살기 위해 몸부림을 쳤다.

그날 새벽 나는 집으로 갈 수가 없었다. 나는 하나님께 악한 마귀가 동생을 더 이상 괴롭히지 않도록 도와달라고 기도를 했다. 내 목소리는 가늘게 떨리고 있었다. 담대함이 생긴 나는 "내 동생을 괴롭히는 악한 마귀야 예수님 이름으로 선포한다. 내 동생에게서 떠나가라!! 내 동생 건드리면 가만히 안 둘 거야!! 알아듣겠니!!" 소리를 고래고래 지르며 나는 악을 쓰고 있었다. 기도를 하다 나는 마귀를 향해 협박을 했다.

엄마는 자신을 괴롭히던 마귀가 새벽예배를 열심히 다니니 아들한테 가 아들을 괴롭히고 죽이려 했다고 하시며 더 이상 교회에 못 다니겠다고 하셨다. 이러다 아들이 죽을 수도 있다고.

동생에게 처음 일어났던 일은 엄마의 마음을 흔들어 놓기에 충분했다.

마귀는 그렇게 엄마가 하나님의 자녀가 되는 걸 원하지 않았다.

나는 동생을 교회로 인도했고 교회에 가는 걸 원하지 않았던 동생은 살기 위해 교회에 갔다.

그리고 동생에게 보였던 악한 것들은 더 이상 보이지 않았다.

엄마 또한 교회를 그만 다니려다 아들이 괜찮아진 걸 보고 안심을 하며 더 열심히 교회에 다니셨고 지금까지 새벽예배를 쉬지 않으신다.

하나님이 주신 예쁜 딸

　남편과 수없이 싸우면서도 이혼만은 하지 말아야지 생각했다. 그러면서도 수없이 이혼을 생각하고 있는 나를 보면서 참 힘들었다. 내가 할 수 있는 건 하나님께 기도하는 거였다. 나는 새벽에 교회에 가면 언제나 같은 기도를 한다.

　"하나님 남편이랑 싸우지 않게 해 주세요. 이혼만은 하지 않도록 저와 남편을 붙잡아 주세요."

　아이들에게 가정이 깨어지는 아픈 일을 겪게 하고 싶지 않았다. 어린 시절 그 아픔을 겪었기에 얼마나 큰 상처가 되는지 알기 때문에 이혼만은 하지 말아야 한다고 나 스스로 되뇌면서 하루하루를 버티며 살았다.

　그러던 중 생각지 않은 임신이 되었다.

　오랫동안 각방을 썼기에 사이가 좋지 못했던 우리는 어쩌다 한 번의 잠자리에 덜컥 임신이 되어버렸다. 임신은 하나님이 주신 가장 큰 축복인데 맘껏 좋아할 수만 없었다.

　가정이 언제 깨질지 모르는 불안정한 상황에 셋째를 낳아 잘 기를 수 있을지….

　이 아이마저 불안정한 가정환경에서 자라게 하는 건 아닐지…

171

이런저런 생각으로 마음이 복잡했다.

그런데 남편마저 아이를 낳을 수 없다고 했다.

우리 형편에 셋째까지는 감당할 수 없다고. 남편 혼자 벌어서 생활하기는 여간 힘든 일이 아니었다.

그걸 알면서도 나는 그 한마디에 섭섭하기만 했다.

나는 아이가 불안정한 환경에서 자랄까 걱정인 반면 남편은 지극히 현실적인 고민을 하고 있었다.

그럼에도 나는 절대로 아기를 지울 수 없었다.

남편은 얼마 안 가 아기를 낳는 것에 찬성했다. 나는 기도했다.

"건강하고 예쁜 딸이 태어나게 해 주세요."

이렇게 기도한 이유는 큰딸 예진이에게 느껴보지 못한 친구 같은 딸을 키워보고 싶었다. 또 예진이에게 여동생이 생기면 언니를 많이 도와줄 거라는 생각으로 딸을 낳게 해 달라고 기도를 했다. 하나님은 이런 내 기도를 들어주셨다.

나는 임신 중에도 찬양을 했고 아기가 태어나기 하루 전 주일 예배 때 찬양을 했다.

하나님이 주신 귀한 선물, 예쁜 딸을 주실 하나님께 감사한 마음으로 찬양을 드리고 싶었다.

혼자 부른 찬양이 아닌 우리 아기와 함께 부른 찬양이었다.

그리고 2012년 10월 15일 월요일 아침 예쁜 딸이 태어났다.

기형아 검사

임신 5개월 때 기형아 검사를 했다.

임신할 때마다 정상으로 나왔기에 이번에도 아무 걱정 없이 검사를 했다. 그런데 생각지도 않은 상황이 벌어졌다. 내가 다운 증후군 고위험군이라 했다.

이럴 경우 아기가 다운 증후군으로 태어날 수 있다고. 일단 양수검사를 해 봐야 정확히 알 수 있다고 하셨다. 간호사는 다운증후군 고위험군이 어떤 것인지 그림을 그려가며 자세히 설명해 주었고, 나는 정신이 멍 해졌다.

우리 아기가 다운 증후군으로 태어날 수 있다고? 기가 막혔다.

한 치의 망설임도 없이 양수 검사를 했고, 긴 주삿바늘이 뱃속 태아 근처까지 들어가 양수를 조금 뽑았다.

아기는 무언가 위험하다 느꼈는지 주삿바늘을 피해 몸을 움츠렸다. 마음이 너무 아팠다.

낯선 주삿바늘을 보고 반응하며 자기 몸을 보호하는 5개월 아기, 만약 이 아기가 다운 증후군이라면, 나는 어떻게 해야 하지? 지워야 하나? 아니야, 어떻게 지워?

외부 물체에도 반응하며 자기 몸을 보호하며 살아보겠다고 하는 아기에게 그건 너무 잔인하잖아? 그럼 생명이니 낳아야 하나? 그런데 어떻게 키우지?

난 예진이 하나만으로도 너무 힘든데, 장애아를 두 명이나 기를 자신이 없었다.

나는 오만 가지 생각에 걱정이 밀려왔다.

간호사는 검사 결과는 2주가 지나야 나온다고 했다.

남편 또한 걱정에 잠 못 이루고, 만약 아기가 정상이 아니라면 절대 낳을 수 없다고 했다. 나는 너무 속이 상했다. 내 심정은 타들어 가는데 한다는 소리가 낳을 수 없다니….

2주를 어떻게 기다리지? 하루하루 피가 말랐다.

그리고 내가 해결할 수 없음을 깨닫고 바로 무릎을 꿇고 기도했다.

"하나님 도와주세요. 우리 아기가 다운 증후군이 될 수도 있다는데 어쩜 좋아요? 저는 예진이 하나만으로도 너무 힘들어요. 저는 장애 아이 2명은 절대 감당하지 못해요. 그러니 제발 하나님이 도와주세요."

2주 동안 매일 눈물로 기도했다.

2 주후, 드디어 검사 결과가 나왔다.

"어머니! 축하해요. 아기 정상이에요." 그 말 한마디에 눈물이 왈칵 쏟아졌다.

그리고 마음속으로 하나님께 감사 기도를 드렸다.

"하나님 너무 감사합니다. 우리 아기 정상으로 태어날 수 있게
해주셔서 감사합니다."

"너는 내게 부르짖으라 내가 네게 응답하겠고 네가 알지 못하는
크고 은밀한 일을 네게 보이리라" (예레미야 33장 3절)

구원은 오직 한길

어느 날 무서운 꿈을 꾸었다.

기차를 타고 어딘가를 향해 갔고, 기차가 멈춰 선 곳은 내가 출발한 곳, 내가 사는 동네였다. 나는 기차에서 내렸다.

그런데 내리는 순간, 온 세상이 흑백으로 변해버렸다.

우리 동네에는 간석 자유시장이 있다.

나는 시장으로 들어갔다. 상인들은 열심히 장사하고 있었지만 얼굴에는 생기가 없고 무표정이었다. 나는 꿈이었지만 기분이 너무 안 좋았다.

빨리 시장을 빠져나가고 싶었다.

나는 출구를 찾지 못하고 헤매다 이상한 건물을 발견했다.

처음 보는 건물이었고 그곳으로 가까이 가 보았다.

건물 안에는 한 사람이 들어가면 더는 들어갈 수 없는 작은 방이 많이 있었다.

그 방에는 사람이 한 명씩 들어가 있었고, 그 사람들은 나이가 많은 노인이거나 젊지만 아픈 사람들이었다. 그런데 한 남자가 나이 든 노인 한 분을 방에서 끌어내더니 커다란 나무 기둥에 세우고 양쪽에서 두 사람이 노인을 밧줄로 감았다.

그리고 있는 힘을 다해 밧줄을 잡아당기자 비명과 함께 배가
터지고 창자가 흘러나왔다.

그리고 한쪽에서는 살아있는 사람을 나무판위에 눕히고 머리
부터 살 껍질을 벗겨 냈다.

얼마나 잔인한지, 나는 꿈이었지만 현실처럼 너무 무서웠고 겁
에 질려 있었다.

나는 도망쳐야만 했다. 잡히면 저렇게 잔인하게 죽을 것만 같
았다.

그런데, 길이 없었다!

어느 길로 나가도 길이 막혀 있었다.

길을 찾아 헤매다 무표정으로 장사하는 상인에게 물었다.

"저기 저 건물 아시죠?"

그러자 그분은 "알죠."라고 대답 했다.

나는 이해 할 수 없었다.

왜 저 끔찍한 곳을 알면서도 이곳에 있는지… 그래서 왜 도망
가지 않고 이곳에 있는지 여쭤보았고 그분은 이렇게 대답했다.

"나가는 길을 몰라요. 그냥 이렇게 평생 늙을 때까지 일하다
저곳에 끌려가 저 사람들처럼 죽을 수밖에 없어요." 정말 끔찍
한 일이었다.

나는 지금 이곳에 갇혔다!

비명이 끊이지 않는 곳, 죽도록 일만 하다 끌려가 죽을 것을 알

면서도 나가는 길을 몰라 그 운명을 받아들이며 사는 사람들, 이 곳은 지옥 같았다.

하지만 나는 어떻게든 길을 찾아야만 했다.

마음이 다급해져 어찌할 줄 몰라 하고 있을 때, 여자분이 다가와 말을 걸었다.

"혹시 나가는 길을 찾고 있나요?"

나는 다급한 목소리로 그렇다고 말했고 그 여자분은 이렇게 말해주었다.

"이곳에 들어오는 길은 여러 길이지만, 나가는 길은 오직 한 길입니다."

나는 이해할 수 없었다. 들어오는 길이 여러 길이면 나가는 길도 여러 길이어야 맞는데 나가는 길은 오직 한길이라니.

그분은 나에게 이렇게 말했다.

"그 길을 제가 알고 있는데 알려 드릴까요?"

나는 다급하게 말했다. "네 알려주세요."

길을 찾아 헤매는 나에게 구세주가 나타났다.

그분을 따라가니 정말 길이 나왔다.

그 길은 정말 길었고 그 길에 많은 사람이 줄을 서 있었다.

길 끝은 낭떠러지처럼 경계선이 있었고 눈부시게 환한 빛이 있었다.

사람들의 손에는 양동이가 하나씩 들려 있었고 자기 순서가 되면 양동이에 토를 하고 사라졌다. 나는 사라질 때 토를 하는 이유를 알 수 없었고 내 차례가 오자 내 의지와는 상관없이 구역질이 나면서 양동이에 토를 했다.

그리고 현실 속에 내가 사는 곳으로 돌아왔다.

그리고 모든 것이 칼라로 변해 있었다.

나는 그곳을 빠져나온 기쁨에 만나는 사람마다 내가 경험한 일들을 얘기해 주었다. 다들 놀라며 큰일 날 뻔했다며 돌아온 것을 축하해 주었다.

그 기쁨도 잠시 나는 사람들에게 이렇게 말했다.

"그런데 어쩌죠? 나 그곳에 다시 다녀와야 할 것 같아요."

사람들은 죽으려고 다시 가느냐고 했다.

나는 이내 이렇게 대답했다.

"내가 그곳에 소중한 걸 두고 왔어요. 그걸 찾아와야 해요."

그리고 서둘러 기차를 타러 갔다.

나는 정신을 바짝 차리고 기차를 기다렸다. 기차가 들어오고, 나는 깜짝 놀랐다.

왜 처음 기차를 탈 땐 보이지 않았을까? 시커먼 기차가 들어오고 있었다. 그리고 앞에는 붉은색 한자로 세 글자가 쓰여 있었는데 꿈에서는 몰랐지만 나중 꿈에서 깨어나 알았다. "지옥행"이라는 것을… (지옥행[地獄行] : 고통과 절망이 가득한 곳으로 향함. 또는 그런 상황으로 향해 감을 비유적으로 이르는 말)

너무 무서워 소름이 돋았다. 하지만 나는 그 기차에 올라타야만 했다. 기차 안에는 사람들이 꽉 차게 앉아 있었다. 앉아있는 사람들은 모두 흑백으로 변해 있었다. 혈색 없는 얼굴은 무표정이었다. 꼭 눈만 뜬 시체 같았다.

기차는 서야 할 곳에 멈췄고 그곳에는 이 기차를 타려는 많은 사람이 있었다.

어린아이부터 나이 든 사람, 그리고 너무나 행복해 보이는 연인들… 나는 너무 안타까워 외쳤다. "이 기차 타면 안 되는데!!"

하지만 입 밖으로 말이 전혀 나오지 않았다.

그 사람들은 모두 기차에 올라탔고 기차는 종착지를 향해 달려가고 있었다.

기차가 도착하고 사람들이 내린다. 그리고 나도 내렸다.

다시 온 세상이 흑백으로 변해 버린다. 나는 꿈에서 깨어났다.

꿈에서 깨어난 나는 그 생생한 꿈을 잊을 수 없었다. 그리고 무서웠다. 나는 왜 그곳으로 다시 갔고 나오지도 못하고 깨어났는지, 내가 두고 온 건 무엇이었는지…

궁금증이 풀리지 않아 너무나 답답했다.

나는 담임 목사님을 찾아가 꿈 이야기를 들려주고 여쭤보았다.

그때 목사님은 "집사님 하나님께 여쭤보는 것이 좋겠어요." 하셨고 나는 집으로 오는 길에 하나님께 여쭤보았다.

"하나님 제가 두고 온 것이 무엇인가요?"

"나는 왜 그 끔찍한 곳에 다시 가서 나오지도 못하고 꿈에서 깨어났나요?" "하나님 알려주세요." 하나님은 내가 그곳으로 다시 간 이유를 알려주셨다.

하나님은 한 장면을 떠오르게 하셨다.

그 장면은 내가 출구를 못 찾아 헤맬 때에 장사하는 상인과 대화한 내용이었다.

나가는 길을 몰라 평생 일만 하다 늙으면 저곳에서 잔인하게 죽을 수밖에 없다고 말했던 그분을, 그 장면을 떠오르게 하셨다. 나는 정말 소름이 돋았다.

"그래 맞아, 나는 그 길을 알고 있지!"

그 길을 아는 내가, 길을 몰라 비참하게 죽을 수밖에 없는 그들에게 길을 알려줄 수 있으니 "내가 두고 온 것"은 바로 구원의 길을 몰라 지옥으로 갈 수밖에 없는 불쌍한 사람들이었다.

오직 구원의 길은 한 길이며, 예수 그리스도를 통해서만 가능하다.

그리고 또 하나 알게 해 주셨다. 양동이에 토한 것이 무엇인지를.

바로 더러운 우리의 죄를 회개한 거였다.

줄을 섰던 많은 사람의 더러운 죄가 양동이에 토해질 때, 비로소 구원을 받을 수 있었다.

사람들은 지금 무슨 기차를 타고 가는지 알지 못하고 기차를 탄다. 어둠으로 눈이 가려져 보이질 않는다.

　하지만 하나님을 믿고 구원을 받으면 어둠이 걷히고 안 보였던 것이 보인다.

　죽음을 향해 가는 기차임을 하나님은 나에게 알려 주셨다.

나를 구원하신 하나님은 하나님을 몰라 구원의 길을 찾지 못하는 사람들에게 길을 알려주라고 나에게 꿈으로 말씀하셨다.

하나하나 그 꿈이 해석되고 궁금증이 풀려 기분이 너무 좋았지만 그 후 나는 거룩한 부담감을 안게 되었다.

전도하고픈 마음이 들어오고

언제부터인가 주위에 힘들고 마음이 아픈 사람들이 눈에 들어오기 시작했다.

그전에는 생각할 수도 없었던 마음이 생겼다. 엄마 외에 전도한 적이 없기에 모르는 누군가에게 다가가 전도한다는 것은 보통 어려운 일이 아니었다.

나는 이 마음을 외면했다.

그리고 그 마음을 뒤로한 채 시간이 지나갔다. 어느 날 문득 그 꿈이 떠올랐다.

구원의 길을 몰라 죽으면 지옥으로 갈 수밖에 없는 불쌍한 사람들이… 나는 마음이 너무 괴로웠다. 그냥 단순한 꿈이라 여기고 넘기고 싶었지만 내 머릿속엔 너무 생생하게 떠올라 지워지지 않고 남아있다.

남편도 전도를 못 했고 내 가정 내 환경 뭐 하나 바뀐 것도 없는데 어떻게 전도를 하라는 건지 부정적인 마음이 들어왔다. 나는 나중에 알았다.

하나님은 믿는 자들이 믿지 않는 자들을 전도하는 건 내가 지금 어떤 상황에 있던 어떤 모습으로 살아가든 하나님 앞에 우리

185

가 당연히 해야 할 의무라는걸.

꿈으로 알려주신 하나님, 나를 구원의 길로 인도해 준 하나님의 자녀가 있었기에 내가 살았다. 그 길을 아는 나는 길을 몰라 지옥으로 갈 수밖에 없는 또 다른 사람들에게 길을 알려주어야 한다.

하지만 마귀는 내가 전도를 하지 못하게 내 상황과 현실을 보여주며 꿈을 잊어버리게 하고 내 마음을 강퍅하게 흔들어 놓았다.

나는 혼자 전도를 할 만큼 용기가 없었기에 교회에서 함께 노방전도를 했다.

주일날 점심 식사 후 교인들이 거리로 나가 노방전도와 버스킹 전도를 했다. 특히 버스킹 전도는 노방전도를 하는 데 있어서 더 신이 나고 은혜가 되었던 것 같다.

그리고 하나님께서는 전도 대상자가 나에게 다가오게 하셨다.

하루는 외출했다가 집에 들어왔는데, 모르는 분이 엄마와 대화를 하고 계셨다.

나는 "누구세요?" 여쭀고 그분은 엄마와 아시는 분이라고 했다.

나는 함께 앉아 두 분의 대화를 들었고, 그분이 남묘호렌게쿄에 다닌다고 했다.

당신은 너무 가기 싫은데 남편 때문에 어쩔 수 없이 간다고 했다.

나는 깜짝 놀라 거기 다니시면 안 된다고 말했고, 교회 다니셔야 한다며 복음을 전하기 시작했다. 그분은 하나님을 밀어내지는 않았다.

나는 그분의 성함, 연락처, 주소를 받았고 그분은 주일에 교회 온다고 하셨다.

나는 너무 기분 좋았고, 전도가 쉽다는 생각을 했다. 그분은 주일에 정말 교회에 오셨고 나는 그분을 반갑게 맞이해 주었다. 함께 교회에서 점심 식사도 했다.

그런데 그게 끝이었다. 그분은 더 이상 나오지 않았다.

하루는 주일 대예배가 끝나고 점심 식사 후, 음료수 한 박스를 사서 한 집사님과 그분을 찾아갔다. 다행히도 문을 열어 주셨고, 1시간 가까이 대화를 했다.

남편이 교회를 못 가게 한다는 것이다.

나는 너무 안타까웠다.

이런저런 사정과 당신의 삶이 형통하지 않음을 얘기하면서도 당신은 기도할 줄 모르고 교회에 갈 수도 없으니, 나에게 기도를 해 달라고 했다.

나는 그 후에도 그분을 만나면 교회 나오시라고 권면을 했다.

내가 데리러 갈 테니 이번 주일 교회 갈 준비하고 계시라고 했다. 주일날 일찍 집으로 갔지만 지금 김치 담그는 중이라며 다시는 오지 말라고 문을 쾅 닫아버렸다.

상처를 크게 받은 나는 전도는 쉬운 게 아니라 너무 어려운 것임을 알았고 예전 나의 모습이 떠올랐다.

나에게 전도를 하려고 다가오는 사람들에게 눈길도 주지 않았고, 이단들도 전도하니 너무 짜증이 났다. 내가 교회에 가는 건 자유인데, 왜 집요하게 전도를 하는지…

어느 날, 물 좀 마시자고 엄마를 따라 집으로 누군가 들어왔다.

어김없이 이상한 소리를 했다.

어머니 하나님에 대해서… 무슨 말도 안 되는 소리를 하는지 이단임을 눈치채고 화가 나서 나가시라고 쫓아냈고, 왜 아무나 집에 데리고 오냐고 엄마에게 화를 냈다.

한 번은 교회에 전도사님이 나를 전도하려고 했다.

사실 그 교회에 몇 번 가 보았기 때문에 나를 아셨다.

나를 만날 때마다 교회에 나오라 하셨지만, 나는 들은 척도 하지 않았다.

그 전도사님이 보이면 다른 곳으로 피해 다녔다.

몇 년이 지난 뒤, 나는 전도사님을 다시 만났다.

얼마나 놀랐는지 전도사님도 깜짝 놀라셨다. 그리고 참 반가워하셨다.

내가 다른 누군가를 전도해 보니 나를 전도하려 했던 그분들의 애타는 마음을 알 것 같았다.

나는 전도하려다 상처를 받고 더는 다가가지 못했다. 그분을 볼 때마다 내 마음은 너무 무거웠다. 그리고 하나님이 나에게 전도의 마음을 주시지 않았으면 좋겠다고 생각했다.

그리고 몇 년이 지났을까? 내가 주안중앙교회에 다닐 무렵이었다.

시장에서 그분을 만났는데 그분이 먼저 말을 걸어왔다. "언니 나 아파."

나는 "어디가 아파요?" 여쭤봤고 그분은 "나 간암이래?"라고 했다. 나는 깜짝 놀라 왜 병원에 안 있고 집에 있냐고 했더니 병원에서 집으로 가라고 했다는 거였다.

나는 그날 이후 그분 집으로 몇 번이고 찾아가 복음을 전하고 기도를 해 주었다.

그리고 전도사님을 모시고 가려는 차에 남편이 교회 못 가게 한다고 그분께 전화가 왔다.

나는 너무 화가 났다.

"목숨 여러 개예요? 목숨 남편 거 아니잖아요."

"이 상황에 무슨 남편 말을 들어요."

"지금 당장 시급한데, 예수님 믿고 구원받으셔야 한다고요. 그래야 천국 가신다고요."

그리고 기도하면 하나님이 살려주실 수도 있단 말이에요. 그럼에도 그분은 내 말을 듣지 않았고 전화도 받지 않았다. 그리고 그분은 얼마 후 돌아가셨다.

너무 마음이 아팠다. 그냥 그러든지 말든지 끝까지 밀어 붙일 것을, 그럼 지금쯤 천국에 계실 텐데. 나는 자책했다. 하나님께서 보내주신 영혼을 책임지지 못한 것 같아 마음이 너무도 불편했다.

한번은 막내를 어린이집 차에 태워 보내고 집으로 가는데 젊은 아기 엄마가 다가왔다. 동네에서 몇 번 본 적이 있어 얼굴은 알고 있었다.

그 엄마는 나에게 인사를 하며 나를 몇 번 보았고 말을 걸고 싶었다고 했다.

아기 엄마는 나를 바로 언니라 불렀고, 언니 남편을 어제 마트에서 만났는데 우리 와이프랑 알고 지내면 좋을 것 같다고 했다는 것이다.

나는 조금 당황했지만 스스럼없이 다가와 주니 고마웠다.

어린 나이에 결혼해서 아이를 키우는 엄마라는 건 이미 알고 있었다. 나는 그 엄마를 볼 때마다 꼭 날 보는 것 같아 몇 번 눈여겨보긴 했었다.

그런 아기 엄마가 나에게 먼저 다가와 준 것이다.

아기 엄마와 몇 마디 대화하는데 남편 때문에 많이 불안해 보였다. 나는 괜찮다면 집으로 들어가 대화해도 될까요? 물어봤고 아기 엄마는 흔쾌히 알았다고 했다. 어린 나이에 결혼해 아이를 키우고 물질 문제 등 여러 가지 문제로 힘들어 했다.

급기야 울음을 터트렸고 나는 너무 안쓰러운 마음에 손을 꼭 잡아주며 그 마음을 위로해 주었다. 어린 나이에 아이를 낳고 키운다는 것이 얼마나 힘든 일인지 알기에 그 마음이 고스란히 나에게 전달되었다. 나 또한 어린 나이에 결혼해 아이를 낳았고, 그런 아이가 장애가 있다는 말도 해 주었다. 그리고 내가 어떻게 버티며 살아가는지, 하나님께 의지하지 않으면 살아갈 수 없었음

190

하나님은 당신을 사랑하십니다!

을 얘기해 주었다.

아기 엄마는 공감되는 부분이 있어서인지 나와 금방 가까워
졌다.

언니 동생으로 지내기로 하고 나는 그 동생을 전도했다.

교회를 잘 나오다 나오지 않을 때도 있었지만 충분히 이해할
수 있었다. 나도 그랬으니까. 교회에 발만 끊지 않도록 이끌어 주

는 것이 내가 해야 할 일이라는 걸 알았고 끊임없이 사랑과 관심으로 이끌어 주었다.

나를 전도하려 했던 전도사님은 나를 교회로 인도하지 못했지만 그 수고는 하나님이 알고 계신다. 결국 주님께 선택됐던 나는 전도사님이 아니어도 다른 누군가로 인해 전도되었으니 전도사님의 수고는 헛된 것이 아니었다.

하나님은 우리의 순종을 보시고 열심을 보신다. 전도지를 나눠 주는 우리의 모습도 기뻐하시고 한 영혼을 위해 끝까지 최선을 다하는 모습도 기뻐하신다.

최선을 다하는 모습을 주님은 보시고 기억하신다. 결국 열매는 주님의 손에 달려있고 다른 누군가의 열매로 맺힐지라도 하나님은 우리의 수고를 헛되다 하지 않으시고 다 받으신다. 전도는 하나님이 주시는 마음에 순종하며 최선을 다하면 된다는 것을 하나님은 깨닫게 해 주셨다.

예진이를 지켜주신 하나님

대예배를 드리고 점심 식사 후, 우리는 어김없이 노방전도를 하였다.

어느덧 중학생이 된 예진이는 우리와 함께 전도할 때도 있었고 교회 안에 있을 때도 있었다.

예진이가 한참 보이지 않아 교회 안에 있겠거니 생각했다.

그런데 예진이가 정신없이 뛰어왔고 숨을 헐떡이며 말했다.

"엄마 나 큰일 날 뻔했어!!"

"왜 무슨 일인데?" 그러자 예진이는 "편의점에 갔는데 아저씨가 내 몸을 만졌어!" 하는 것이다.

나는 너무 놀라서 어디 편의점이냐고 빨리 가자 했고 정신없이 뛰어갔다.

그때 마침 경찰차가 지나가고 있었고 나는 경찰차를 세웠다.

경찰분이 내리시더니 무슨 일이냐고 했고 나는 자초지종을 설명했다.

감사하게도 경찰차에는 여자 경찰이 함께 타고 있었다. 우연의 일치라고 보기엔 너무 기가 막힌 타이밍이었다. 나는 경찰분과 함께 편의점으로 갔고 예진이는 편의점 사장을 가리켰다. "저 아저씨가 내 몸 만졌어요!"

그러자 그 사람은 너무 태연한 목소리로 "꼬마야 무슨 소리야? 네가 뭘 사 먹고 싶어 하는데, 돈이 없는 것 같아서 안쓰러운 마음에 아저씨가 먹을 것을 챙겨줬잖아?" 하면서 자기도 딸을 키우는데 말이 안 되는 소리를 한다며 경찰에게 억울함을 호소했다.

자기는 절대 그런 짓을 하지 않았다고 했다. 그리고 결백함을 주장하며 CCTV 확인해 보면 다 나올 테니 만약 자기 말이 사실이면 명예훼손으로 고소한다고 했다. 나는 순간 겁이 덜컥 났다.

정말 예진이에게 나쁜 행동을 했다면 경찰과 함께 갔는데 놀라지도 않고 저렇게 침착할 수 있을까? 혹 예진이가 거짓말을 한 거라면? 머릿속이 복잡해졌다. 경찰분은 나에게 이렇게 말했다. "어머니 일단 저 사람 말에 겁먹지 마시고, 신고하시는 게 좋을 것 같아요." 여자 경찰분이 예진이와 대화해 봤는데 거짓말 같지는 않다고 했다. 그래도 나는 걱정되었다.

만약 예진이가 거짓말하는 거라면 역으로 고소를 당할 수도 있는 상황이다.

예진이는 한 번씩 자기 상상력에 빠질 때가 있다. 사실이 아닌 일이 마치 일어난 것처럼… 하지만 그런 상황들은 아주 단순한 것들이었다.

그런데 지금 상황은 예진이가 거짓말한다고 할 수 없을 만큼 너무 구체적이고 사실적인 표현을 했다.

아저씨가 창고에 데려갔고, 초콜릿을 주면서 입을 맞추려 했고 가슴을 만졌다고 했다.

그래서 예진이는 "안돼요. 저는 학생이고 제 몸은 소중해요!!" 학교에서 성교육 시간에 배운 대로 말했고 아저씨가 놀란 틈을 타 도망쳐 나왔다고 했다.

예진이가 상상으로 이런 표현을 한다는 건 말이 안 되는 일이었다.

나는 예진이를 믿어보기로 하고 편의점 사장을 신고했다.

경찰은 CCTV를 결국 확인하지 못했다.

왜냐하면 편의점 사장이 CCTV 비밀번호를 얼마 전에 바꿨는데 아무리 생각을 해도 기억이 나지 않는다고 했다.

오늘은 일요일이니 내일 CCTV 업체에 전화해서 비밀번호 알아내면 그때 보여준다는 것이다.

나와 경찰은 편의점 사장이 거짓말을 하고 있음을 100% 확신했다.

신고 접수를 하자마자 바로 형사과로 넘어갔고 CCTV 확인 결과 한 부분이 삭제되었으며 판독 결과가 나오는 대로 전화를 준다고 했다.

예진이는 성모병원 해바라기센터에 가서 조사를 받았다. 예진이는 반복되는 같은 질문에 엄청 짜증을 냈다. 2시간에 걸친 조사는 끝이 났다.

변호사는 아이의 말에 거짓은 없어 보인다며 CCTV 결과를 기다려보자 했다.

한 달 후, CCTV 판독 결과를 알려주었고 편의점 사장이 예진이를 데리고 창고로 들어가는 것이 찍혔다고 했다.

나는 화가 나서 견딜 수가 없었다.

잘못을 인정하지 않고 적반하장으로 명예훼손으로 고소한다고 태연하게 말할 수 있는지, 나는 도저히 용서되지 않았다.

그리고 담당 형사에게 전화가 왔다.

그 사람은 전과도 없고 진심으로 뉘우치고 있고 어머님을 한 번만 만나게 해 달라고 부탁 했다고 했다.

나는 만나고 싶지 않았지만 그 뻔뻔한 얼굴을 보고 묻고 싶었다.

어떻게 하면 그런 짓을 하고도 뻔뻔할 수 있는지…

그리고 며칠 뒤, 남편과 함께 커피숍에서 그 사람을 만났고 그 사람은 나를 보자마자 무릎을 꿇고 잘못했다고 한 번만 용서해 달라고 했다.

나는 뭐 하는 짓이냐며 소리를 질렀고 그 사람은 일어나 의자에 앉았다.

그리고 계속 "잘못했습니다." 이 말만 반복했다.

그때 그 뻔뻔함은 어디로 갔는지 전혀 다른 모습으로 용서를 구했다.

나는 내 딸에게 왜 그랬는지, 왜 거짓말을 했는지 물어보았고 그 사람은 아이가 뭘 사 먹고 싶어 하는데 돈이 없었고, 정말 안쓰러운 마음에 창고에 유통기한이 지난 초콜릿이 있는 것이 생각나 그걸 주려고 창고로 갔는데 아이가 창고 안으로 들어왔고, 순간 정신이 나갔던 것 같다고 말했다.

아이가 도망가고 잠시 뒤 경찰이 들어오니 너무 무서워서 애써 태연한 척했다고 했다.

그 사람은 자기에게도 뇌병변장애가 있는 딸이 있는데 그 순간 왜 그랬는지 모르겠다며 반복해서 너무 죄송하다고 했다.

그리고 예진이가 "제 몸은 소중해요 만지지 마세요!" 이 한마디에 정신을 차렸다고 했다.

그리고 자기가 감옥 가면 아내 혼자 아이 치료비를 감당할 수가 없다며 합의해 주시면 안 되겠느냐며 제발 한 번만 용서해 달라고 했다.

나는 집으로 와서 뇌병변장애아 엄마와 통화를 했고 그 엄마는 편의점 사장을 안다고 했다.

아이가 뇌병변장애가 있고 아이 엄마가 그 아이를 데리고 열심히 치료실에 다닌다고 했다. 난 정말 미칠 것만 같았다.

어떤 선택을 해야 할까… 그리고 복잡한 그 마음 그대로 하나님께 기도했다.

"하나님 저는 어떻게 해야 하나요?"

"예진이에게 한 짓을 생각하면 도저히 용서가 안 되는데 그 사람 아이와 엄마를 생각하니 마음이 아프고, 저는 어떤 선택을 해야 하나요?"

그때 하나님은 감사한 것들을 생각나게 하셨다.

예진이는 성폭행을 크게 당하지 않았고, 그 순간 순발력 있게 대처해 그곳에서 빠져나왔으며, 정신없이 편의점으로 달려갈 때 경찰차를 만났다. 만약 경찰차가 그 시간 그 타이밍에 지나가지 않았다면 나는 겁이 나 그 사람을 신고조차 못 하고 왔을 수도 있다.

나는 그것만으로도 감사했다.

하나님께서는 모든 상황을 아시고 예진이를 지켜주셨다.

바보처럼 겁먹어 신고조차 못 할 걸 아시고, 경찰을 보내주셨다.

나는 모든 것이 정리되었고 하나님은 나에게 그 사람에게 복음을 전하라는 마음을 주셨고 나는 불편한 제안이었지만, 하나님 말씀에 순종하기로 했다.

나는 그 사람을 만나 합의해 주겠다고 말했고 그 사람은 몇 번이고 감사하다며 머리를 숙였다.

그리고 나는 이렇게 말했다.

"하나님 믿으시나요?" 그 사람은 안 믿는다고 했다.

"당신을 용서해 준 건 내가 믿는 하나님 때문이에요. 내가 믿는 하나님은 당신을 용서해 주시기를 원하며, 당신은 내가 아닌 하나님께 감사드리세요. 다시는 이런 짓 하지 말고 반드시 하나님을 믿으세요." 라고 말했다.

그 사람은 어리둥절한 표정으로 알겠다고 대답했다.

남편은 너는 무슨 이런 상황에서 전도를 하느냐며 나를 이해하지 못했다.

그 후 예진이는 다행히도 큰 후유증 없이 생활했고 아무나 따라가지 않겠다고 했다.

나는 이 사건을 통해 살아계신 하나님을 또 한 번 체험했고 늘 예진이를 걱정하고 불안해하며 쫓아다녔던 내가, 그 걱정을 내려놓게 되었다.

왜냐하면 하나님은 우리 예진이를 너무 사랑하시며 항상 지켜주신다는 확신이 생겼기 때문이다.

세상은 나의 결정이 바보 같다 할지 모르지만 하나님은 언제나 선하시며, 항상 선으로 악을 이기게 하신다.

세상은 이런 일을 만나면 불안감으로 내 아이를 꽁꽁 싸맬 수밖에 없지만 하나님은 불안함을 넉넉히 이기게 하시고 그 한계를 뛰어넘게 하신다. 하나님은 언제나 멋진 분이시다.

"사람이 감당할 시험 밖에는 너희가 당한 것이 없나니 오직 하나님은 미쁘사 너희가 감당하지 못할 시험 당함을 허락하지 아니하시고 시험 당할 즈음에 또한 피할 길을 내사 너희로 능히 감당하게 하시느니라" (고린도전서 10장 13절)

예진이의 유일한 친구

예진이에겐 유일한 친구이자 남자친구인 민규가 있다.

민규는 지적장애 3급이다.

예진이에 비하면 사회생활이 가능한 똑똑한 친구다.

민규는 지금 7년이 넘게 예진이에게 좋은 친구가 되어주고 있다.

예진이가 중학교에 입학하고, 조금씩 성장하면서 자기주장이 많이 강해졌다.

하루는 왜 나는 친구가 없냐며 친구를 만들어 달라며 울었다.

사실 친구들이 있었지만, 예진이 옆에 오래 있지를 못했다. 나는 그런 예진이가 안타까웠다.

그래서 하나님께 기도했다.

"하나님 우리 예진이에게 친구 한 명만 보내주세요. 예진이가 너무 외롭잖아요.

예진이의 성격을 다 받아줄 수 있는 세상에서 가장 착한 천사 같은 친구를 보내주세요."

그리고 얼마 후 기도가 응답되었다.

예진이가 중2가 되었을 때, 발달센터 미술치료 선생님께서 "어

머니 예진이를 좋아하는 남자친구가 한 명 있는데 예진이가 말 안 해요?"

　나는 "아니요."라고 했고, 선생님은 그 친구가 예진이를 보자마자 첫눈에 반해 엄청 좋아한다고 하셨다. 그 친구는 예진이에게 좋아한다고 고백했고 둘은 사귀게 되었다.

주말에 둘이 만나고 싶어 해서 나는 몇 주를 따라다녔고,
민규 어머님은 민규에게 활동 지원사가 필요할 것 같다 하셨다.
둘이 만나고 싶어 하는데 내가 계속 따라다닐 수도 없는 노릇
이었다.

나는 예전에 장애인 활동지원사 교육을 받았기에 민규 어머님
께 활동지원사 수료증이 있다고 말했고 민규 어머님은 좋아하시
며 말씀하셨다.
"그럼 잘 됐네요. 예진이 어머님께서 민규 활동 지원사 해 주
시면 되겠네요."
"어머 정말 그러면 되겠네요." 참 신기한 일이었다.
그렇게 나는 민규의 활동지원사가 되어 주말마다 우리 애들
과 민규를 데리고 놀러 다녔고 지금까지 만남이 지속되고 있다.

나는 사실 활동지원사로 활동하기 위해 수료증을 받은 건 아
니었다.
장애인 딸 엄마를 전도하면서 친해졌고 그 엄마가 같이 장애인
활동지원사 교육을 받으러 가자 했고 나는 내키지 않았지만 어
쩔 수 없이 따라가 교육을 받았다. 그리고 몇 년 후, 이렇게 예진
이 친구의 활동지원사가 될 줄은 꿈에도 몰랐다. 지금 생각해 보
니 하나님께서 미리 아시고 나를 활동지원사 교육을 받게 하신
것 같다는 생각이 든다.
예진이는 같은 말을 반복하여 묻고 자기 뜻대로 안 되면 짜증

을 낸다. 자기 말만 하는 예진이로 인해 힘들고 짜증 날 때도 있었을 텐데, 민규는 예진이에게 단 한 번도 큰 소리로 화를 낸 적이 없다.

그렇게 민규는 지금까지 좋은 친구로 예진이를 외롭지 않게 해준다.

예진이에게 장난으로 물어본다.

"예진아 엄마도 민규 같은 남자친구 있으면 좋겠다."

그러자 " 안돼, 엄마는 아빠 있잖아." 그 말에 폭소가 터져 나왔다.

"예진이는 좋겠네, 예진이를 많이 아껴주는 정말 착한 남자친구가 있어서."

너무 순수하고 착한 민규는 예진이에게 하나님이 보내 준 귀한 선물이다.

말씀이 채워지지 않고

나는 늘 신앙에 목말라 있었다.

하나님과 더 가깝게 교제하고 싶었고, 하나님 은혜 속에 늘 성령 충만하고 싶었다.

하나님을 의지하다가도 환경 앞에 마음이 흔들릴 때면 교회에 가서 말씀으로 위로받고 은혜받고 싶었다. 하지만 여전히 위로받지도 은혜받지도 못한 채 집으로 돌아와야 했다. 돌아오는 길에 눈물이 막 쏟아졌다.

가족도 성도들도 어느 누구도 내 마음을 몰라주는 것 같았다. 나는 그냥 덩그러니 혼자 남겨진 것 같은 외로움이 사무치게 파고들어 눈물이 계속 쏟아졌다.

집으로 들어가지 못한 채 한참을 덩그러니 밖에 서있었다.

남편과 해결되지 않는 갈등은 어떻게 풀어야 할지, 아이들을 하나님 안에서 신앙으로 잘 키우고 싶은데 어떻게 키워야 하는지, 예진이는 여전히 나를 너무 힘들게 하고 이렇게 힘들어질 때면 다른 사람들을 품고 전도하는 일에도 항상 걸림돌이 되었다.

은혜도 체험했고 기도하면 언제나 응답하셨던 하나님, 그런데 아무리 기도해도 이 문제는 응답을 주시지 않았다.

내 기도 부족일까? 내가 제일 원하는 소원인데 왜 들어주지 않으실까?

기도하다 지칠 때도 많았고 더 이상 기도가 무의미함을 느꼈다. 해결점을 찾을 수 없어 답답할 때 나는 내 안에 말씀이 절실히 필요함을 깨달았다.

나는 말씀이 절실히 필요함을 느끼고 둘 중 하나를 선택해야만 했다.

나에게 필요한 말씀을 채우기 위해 다른 교회로 옮기던지, 아니면 끝까지 버티고 인내하던지. 교회에서 그동안 참 열심히 달려왔다. 그럼에도 더 이상 인내할 수가 없는 나를 보며 참으로 슬펐다. 믿음 없다는 소리를 듣고 싶지 않아 모든 공 예배에 참석을 했고 집사님들과 함께 열심히 봉사를 했다. 교제를 했던 즐겁고 소중한 시간도 있었다.

그 시간이 있었기에 지금까지 버텨 왔는지도 모르겠다.

나는 교회에 늘 살다시피 한 것 같다.

남편은 그 때문에 늘 불만이었다.

주일만 다니면 안 되냐고, 적당히 믿으라고, 교회에만 열중하는 모습이 맘에 들지 않았기 때문에 어떻게든 꼬투리를 잡아 싸우려고 했다. 내가 교회에 가는 이유는 싸우려는 것이 아니라 어떻게든 살아보려는 몸부림이었다. 나는 남편과 싸우고 싶지 않아 마냥 참다 보니 위장병도 생기고 한 번씩 터져 나오는 감정 앞에 서럽게 울 때도 많았다.

나는 이런저런 이유로 힘들었지만 결정을 내렸다. 오직 한 가지만 생각하기로 했다. 내 가정의 평안과 내 아이들이 하나님을 만날 수 있도록 신앙으로 잘 이끌어주는 것, 그러기 위해서는 내가 말씀 위에 견고히 서 있어야만 했다.

나는 하나님께 기도했다.

"하나님 이제는 말씀 위에 세워지는 신앙인이 되고 싶어요. 더는 환경 앞에 쓰러지는 신앙인이 되고 싶지 않아요. 저 좀 다른 교회로 보내 주세요."

"교회가 이렇게 많은데 어디로 가야 할까요? 하나님께서 선택해 주시고 저 좀 보내주세요." 교회를 옮기면서 처음으로 하나님께 어느 교회로 가야 하냐고 내가 가야 할 교회로 보내달라고 기도했다. 나는 너무나 간절할 만큼 살고 싶었다.

나는 예전에 장애인 합창단에서 장애인 사역을 하시는 전도사님과 한 엄마를 알았고, 두 분은 같은 교회에 다녔다.

토요일 어느 날, 갑자기 그 전도사님 생각이 났고 전화번호를 받아 두었던 기억에 전화번호를 찾아 전화를 걸었다.

"여보세요?"

"안녕하세요 혹시 저 기억나실까요? 저는 주예진 엄마에요." 그러자 기억나신다고 했다.

나는 한 치의 망설임도 없이 "제가 교회를 옮기려고 하는데 저 좀 전도사님 교회로 데려가 주실 수 있을까요?"라고 했다. 그러자 전도사님은 알겠다며 나를 데리러 오셨다.

나는 전도사님 차를 타고 교회에 갔다.

1층부터 6층까지 교회 구석구석 보여 주셨다. 나는 이 교회에 와서 꼭 한번 예배를 드려야겠다는 생각이 들었다.

전도사님께 내일 주일이니 주일예배 한번 참석하고 싶은데 한 번 더 데리러 오실 수 있느냐고 부탁했다. 전도사님은 알았다고 하시며 주일날 나와 아이들을 데리러 오셨다.

주안중앙교회로 보내주신 하나님

아이들과 분주한 가운데 준비를 하고 교회에 갔다. 교회에는 많은 성도로 성전이 가득 찼고 나는 놀라지 않을 수가 없었다.

내가 다녔던 교회 중 가장 성도가 많았던 것 같다. 성전에 들어서니 뜨거운 찬양이 너무 좋았고 무엇보다 목사님 설교 말씀이 내 마음을 두드렸다.

나는 한 번도 이런 설교를 들어본 적이 없었다. 목사님 말씀은 살아 움직였고 온 성전을 장악했다. 내 마음에 말씀이 들어왔고 그 말씀에 위로를 받았고 은혜를 받았다.

내 눈에는 뜨거운 눈물이 흘렸고 그 눈물은 예배가 끝나도 멈추지 않았다.

얼마나 울었는지 예배 후 성전을 나가는데 나도 모르게 몸이 휘청거렸다.

나는 첫날 오후 예배까지 드리고 집으로 돌아왔다.

내가 기도한 그대로 하나님은 나에게 꼭 필요한 교회, 꼭 필요한 목사님을 만나게 해 주셨다. 아무리 생각해도 신기했다.

지금 다니는 교회 목사님께는 너무 죄송했지만 나는 주안중앙교회 한 번의 예배로 모든 고민이 끝이 났다. 교회를 옮기기로 결심한 나에게 목사님은 다시 나오라고 하셨지만 나는 그 말씀에 대답할 수가 없었다.

엄마는 교회를 옮기는 나를 이해하지 못하셨고 당신은 이 교회에 계속 다니신다고 하셨다.

엄마를 혼자 두고 오는 나의 마음은 편하지 않았지만 나는 어쩔 수 없는 이기적인 선택을 해야만 했다. 갈급함에 교회를 옮기고 친한 성도들이 없었기에 한동안 적응하기가 힘들었다.

전에 친하게 지냈던 교회 집사님들이 생각났다. 하지만 사람들과의 즐거움이 말씀의 갈급함과 나의 문제를 해결해 주지는 못했다. 주안중앙교회에 와서 당장에 친한 성도님들은 없었지만 그럼에도 잘 버티며 적응할 수 있었던 건 당회장 목사님 설교 말씀 때문이었다. 그렇게 몇 년이라는 시간이 지나가고 나는 가랑

비에 옷 젖듯 당회장 목사님의 설교 말씀에 조금씩 변화되어 가고 있었다.

내가 말씀으로 무너진 건, 나 자신의 문제를 바라보기 시작했을 때였다.

우리 가정이 행복하지 못하고 위태하기만 했던 이유가 오로지 남편 때문이라고 생각했다. 남편의 술 문제와 화가 나면 참지 못하는 성격 때문에 나도 아이들도 행복하지 못한 거라고, 그런데 그 문제가 남편에게만 있었던 것이 아니라 나에게도 있었다는 걸 알았다. 나는 내 상처가 컸기에 남편의 상처를 볼 수 없었다. 두 번째 결혼인 만큼 행복해야 한다고 그 행복의 조건을 판가름하는 건 남편에게 달려있다고 생각했다.

나의 잘못된 문제들이 하나하나 밖으로 꺼내지기 시작하며 나는 하나님 앞에서 그렇게 서럽게 울었다.

나의 부정적인 말투, 생각, 행동, 항상 입버릇처럼 사는 것이 힘들다고 말했던 나의 모습들이 숨기고 싶어도 숨길 수 없을 정도로 드러났다. 그제야 남편에게 미안한 마음이 들었다.

예진이의 홀로서기

"엄마 교회 안 다니고 싶어."

"나도 친구들 많은 교회로 가고 싶어."

중학생이 된 예진이는 이런 말을 할 정도로 생각이 크고 있었다.

사람을 참 좋아하는 예진이가 전에 다니던 교회에서 한동안 그렇게 짜증을 내고 울었다.

나는 살고 싶어 교회를 옮겼지만 하나님은 단순히 나 하나 때문에 주안중앙교회로 보내주신 건 아닌 것 같다. 나도 예진이도 우리 아이들도 이 교회가 필요했기에 옮겨주셨다는 생각이 든다.

예진이는 주안중앙교회를 너무 좋아한다.

특히 당회장 목사님을 좋아하고 부교역자와 성도님들을 좋아한다. 예진이의 행동이 때로는 누군가를 귀찮게 하지만 그만큼 그분에게는 진심이라는 증거다.

그런 예진이를 이해해 주고 배려해 주는 성도들이 있기에 그저 감사할 뿐이다.

내가 주안중앙교회에 와서 신앙이 빠르게 성장할 수 있었던 건 교회에서 진행하는 교육과정을 다 받을 수 있도록 예진이가 엄마 없이도 교회 안에서 너무 잘 지내주었기 때문이다. 특별히 예닮

부서(장애인)가 있어서 많은 도움을 받을 수 있었다.

처음에 이 교회에 왔을 때 교회도 크고 성도들이 많아 살짝 걱정이 되었다.

어디로 튈지 모르는 예진이를 어떻게 챙겨야 할지 막연하기까지 했었다.

그런데 하나님은 나에게 안심하라는 마음을 주셨다. 걱정은커녕 이상할 만큼 마음이 편했다. 하나님은 모든 것을 다 예비하시고 나를 훈련시키신 것 같다.

그렇게 예진이는 중등부 고등부 과정을 거치며 나름 친구들과 잘 지냈다. 생글거리며 웃는 예진이를 보면 어떤 성도님은 우울했던 기분이 좋아진다고도 하셨다.

그렇게 예진이는 주안중앙교회에서 잘 적응하며 홀로서기를 하고 있다.

코로나가 가져다준 선물

코로나로 인해 너무 많은 것이 바뀌었다.

지인들과의 만남도 줄어들고 학교에 못 가는 아이들에게 집중해야 했고 교회에서의 예배는 영상 예배로 바뀌었다. 그러자 성장하던 신앙이 조금씩 무너져 내림을 경험했다.

다시 불안이 몰려오고 불평이 몰려왔다. 순식간에 마귀는 내 마음을 흔들어 놓았다.

신앙의 열정을 꺼뜨리고 싶지 않아 발버둥을 쳐 봐도 소용없었다.

나는 집에 있는 시간이 많아지자 답답함에 우울증이 오는 듯했다. 그러다 남편과 크게 다투게 되었다.

남편은 거칠게 소리를 질렀고 나도 지고 싶지 않아 소리를 지르며 참아왔던 불만을 한꺼번에 터트렸다. 오랜만에 그렇게 큰 소리를 내며 싸웠다. 아이들을 경찰에게 보호해달라고 할 만큼 크게 싸웠나 보다.

나는 부부 싸움 이후 몇 날 며칠 분이 풀리지 않았다.

남편이 너무 미웠다. 더 이상 남편과 함께 사는 것이 불가능하다고 느껴질 만큼 나의 분노는 사그라들지가 않았다.

　나는 더 이상 가정을 유지하고 싶지 않아 하나님께 이혼하겠다고 선언을 했다.

　구정 명절 하루 전날 나는 친구와 통화 후 짐을 싸서 아이들과 집을 나왔다. 그렇게 일주일을 친구 집에서 지냈다.

　남편은 나를 찾아다녔고 전화를 수십 통 걸었지만 받지 않고 핸드폰을 꺼버렸다.

　음성 메시지가 들어왔고 잘못했다는 남편의 말에 내 마음도 흔들리고 그렇게 독했던 마음을 잠시 내려놓고 집으로 들어갔다. 집으로 들어서니 너무 깔끔한 집이 적응되지 않았다.

　집 청소를 한 번도 도와주지 않았던 남편이 집 안과 욕실까지 너무나 깨끗하게 청소를 해 놓은 것이다. 남편은 그렇게 다른 사람으로 변해 있었다.

자기 잘못을 반성한 남편은 6개월이란 시간 동안 많이 노력했다. 매일 먹던 술의 횟수를 줄였고 예배가 늦게 끝난다고 금요예배에 가지 못하게 했던 남편은 금요예배에 가는 것을 허락했다. 그리고 경찰이 연결시켜준 가정 심리 상담소에서 상담도 받았다. 나에게 꼭 필요한 유익한 시간이었다. 그리고 상담 선생님께 집단상담을 하자는 제안을 받았고 나는 흔쾌히 받아들였다. 나는 다른 분들은 어떤 힘듦으로 이곳까지 오게 되었는지 궁금하기도 했다.

집단상담을 통해 많은 분들이 내가 걸어온 과정을 지금 힘겹게 걸어오고 있는 걸 보았다. 나는 마음이 아팠다.
나는 그분들이 안쓰러워 주저앉아 있지 말고 일어서라고, 일어설 수 있다고 나 또한 그 시간을 지나왔고 하나님 때문에 일어설 수 있었다고 위로해 주었다.
오히려 상담을 통해 치유를 받고 싶었던 나는 심리상담사 선생님과 그분들에게 도전을 주는 특별한 사람이 되었다.

나는 그 분들에게 예수님의 복음을 전했다.
찬양을 불러 누군가는 찬양을 통해 위로를 받았고 나의 전도를 통해 교회에 나온 사람도 생겼다. 나는 상담 선생님께 내가 쓴 시를 읽어드렸고 상담 선생님은 나에게 글을 잘 쓴다고 하시며 글을 써보라는 권유를 했다. 나는 그 말 한마디에 내가 살아온 삶을 담담하게 써 내려갔다.

준비되어서가 아니라 나의 이야기를 써보고 싶었다. 나는 시간 가는 줄 모르게 글을 썼다.

이혼 위기에 처했고 그로 인해 경찰이 출동했고 심리상담소까지 가보는 일이 생겼지만 그 과정에는 하나님이 원하신 목적이 있었다.

사람의 생각에는 말이 안 되는 상황이 그려진 그림이었지만 그 말도 안 되는 그림을 이유와 목적이 있어 하나님은 그리게 하셨다. 바로 복음의 메시지와 당신의 이야기를 담은 간증 책을 만들게 하기 위한 그분의 계획이었다.

글을 쓰니 코로나로 인해 답답했던 시간도 견딜만 했다.
남편도 노력하고 있어 이제는 좀 희망이 보이는듯했다.
그런데 6개월 후 남편은 참았던 술을 다시 마시며 술 마시는 횟수가 늘어나기 시작했다.
나는 어떻게든 말려야만 했다. 노력이 물거품이 되는 순간, 나는 다시 고통 속으로 들어가는듯했다. 남편은 그런 나에게 숨 막혀 했고 나는 가정을 지키기 위해 몸부림쳤다.
어느 날 집에서 울면서 기도했다.
"하나님 어쩌면 좋아요."

"남편이 매일 술 마시지 않게 해 주세요."
나는 너무 불안하고 겁이 났다.

한참 기도를 하고 있는데 하나님은 내 입을 통해 이런 기도를 하게 하셨다.
"너희는 가만히 있어 내가 하나님 됨을 알지어다." 아멘.
내 눈에 눈물이 흘렀다.
나의 불안함을 주님께 내어드리지 못하고 내 힘으로 남편을 통제하려고 했던 나 자신을 들여다보는 순간 하나님께 너무 죄송해서 회개의 눈물을 흘렸다.

"죄송합니다 주님, 하나님이 하셔야 하는데 또 제가 하려고 했어요. 나의 불안함을 하나님께 내어드리지 못하고 내려놓지 못하고 사람의 방법으로 남편을 통제하려 했습니다.
용서하세요 주님. 이제부터 주님이 해 주세요."

나는 그렇게 남편을 내려놓고 그동안 노력한 남편에게 감사하는 마음을 갖기로 했다. 내가 주안중앙교회를 옮기고 나서 교회에 몇 번 나오다 안나온 남편은 감사하게 이번 사건을 계기로 교회에 다시 나오게 되었다.
나는 다시 교회에 발걸음을 내딛게 하신 하나님께 감사했다.
그리고 쓰고 있던 글이 한꺼번에 날아갈 뻔했지만 다시 복구되고 하나님이 원하시는 글을 쓰게 해 달라고 기도했다.

하나님은 절반쯤 쓰던 글을 갈아엎으시며 단순한 내 이야기가 아닌 하나님을 만난 이야기를 쓰게 하셨다. 그리고 제목을 몇 번이고 바꿔가며 고민하고 있을 때 하나님은 가장 멋진 제목을 주셨다. '아버지 당신의 이름으로 나는 오늘도 숨을 쉽니다.'

이 제목을 받은 순간 나는 놀라지 않을 수 없었다. 책 제목을 통해 하나님께서 당신이 나에게 하시고자 하시는 말씀을 그대로 알려주셨다.

글을 쓰며 돌아보니 지금까지 나는 하나님의 은혜로 살았다는 걸 알았다.

나는 매 순간 하나님의 이름을 부르며 매일 숨을 쉬고 있었다. 힘들다고 투정 부리는 기도를 더 많이 했을지라도 하나님은 그 기도를 다 받아 주셨다.

그리고 책이 완성되어 세상 밖으로 나왔다.

책을 보는 순간 내 인생에 가장 큰일을 해 낸 것처럼 가슴이 설레었다. 나는 책을 안고 기도했다. 이 책을 통해 하나님 영광이 나타나길 원합니다. 이 책을 통해 복음의 통로가 되길 원합니다.

코로나가 모든 것을 엉망으로 만든 것 같았지만 그 시간을 통해 하나님은 너무나 값진 선물을 주셨다.

"이르시기를 너희는 가만히 있어 내가 하나님 됨을 알지어다 내가 뭇 나라 중에서 높임을 받으리라 내가 세계 중에서 높임을 받으리라 하시도다" (시편 46편 10절)

218

세상과 겸하여 섬길 수 없는 분

나는 부끄럽게도 하나님 앞에 결단하지 못한 것이 있었다. 그건 바로 술 문제였다.

하나님을 알기 전 술은 나의 즐거움이었고 유일한 낙이었다. 밤새 마셔도 지겹지 않았던 술, 밥은 안 먹어도 살 것 같은데 술은 안 먹으면 못 살 정도로 좋아했다.

나는 교회에 다니면서도 술을 많이 마셨다.

그러던 어느 날, 술을 마신 다음 날 아침이었다. 온 방을 헤매고 다닐 만큼 고통스럽게 술병이 찾아왔다. 나는 너무 고통스러워 다시는 먹지 않겠다고 다짐하면서 미련하게 또 마셨다. 술이 그렇게 잘 받았던 내 몸은 점점 술이 받지 않는 몸이 되어가고 소주를 더 이상 마시지 못해 맥주만 마시게 되었다.

신앙생활을 하면서 어느 순간 내 마음에 양심의 가책이 생기고 교회 다니면서 이렇게 술을 마시면 안 되겠다는 생각이 들었다.

그렇게 술 마시는 횟수가 줄어들고 교회에 가는 시간이 더 많아졌다.

하나님은 그렇게 술과 점점 멀어지게 만드셨지만, 나는 술을 완전히 끊지 못했다.

나는 가끔 답답할 때면 남편과 아이들이 자는 시간에 캔맥주를 사다 마셨다. 그럼 답답했던 내 마음이 뻥 뚫리는듯 했다. 가끔씩 마시는 맥주는 내가 주안중앙교회 와서도 끊지 못했다.

마치 그것이 내 숨구멍을 열어주는 것 같은 착각 때문에 끊지 못하고 붙잡고 있었는지도 모른다. '하나님도 내 마음을 이해해 주시겠지.' 예전처럼 술이 너무 좋아 취하게 마시는 것도 아닌데 그렇게 하나님과 협상이라도 하듯 내가 좋은 대로 합리화 했다.

어느 날 남편의 술 문제를 놓고 기도를 하는데 하나님은 내 양심에 노크를 하셨다.

"완전히 술을 끊지 못하는 네가 어찌 남편 술을 끊게 해 달라고 나에게 기도하니?" 그 양심의 소리는 나 자신을 너무나 부끄럽게 만들었다.

사람들 모르게 손바닥으로 내 얼굴을 가릴 수는 있으나 전능하신 하나님은 속일 수 없다. 하나님은 심령을 관찰하시는 분임을 다시 한번 확인하는 순간이었다.

그리고 꿈을 꾸었다. 꿈속에서 나는 남편이 마시고 있던 술병을 빼앗아 싱크대에 다 부어버렸고 숨겨놓은 술까지 찾아내어 싱크대에 다 쏟아버렸다. 남편은 그런 나를 가만히 쳐다보았고 나는 남편에게 담대하게 말했다. 이 집은 하나님의 성전이니 술을 가지고 들어올 수 없다고 나도 이제부터 한 잔도 마시지 않을 테니 당신도 이제 마실 수 없다고 선포를 했다.

그 꿈을 꾸고 나서 나는 하나님의 명령이라 생각했고 그날로 술을 완전히 끊었다.

세상 언저리 끝자락이라도 붙잡아야 살 것 같았던 마음도 버리고 나니 그제야 하나님께 온전히 시선을 고정할 수 있었다.

시선을 하나님께 고정하고 나니 세상과는 비교할 수 없는 하나님의 사랑을 느끼게 되고 하나님과의 달콤한 교제가 이뤄졌다. 그리고 확실히 알게 되었다. 하나님은 절대로 세상과 겸하여 섬길 수 없는 분이라는 걸.

"한 사람이 두 주인을 섬기지 못할 것이니 혹 이를 미워하고 저를 사랑하거나 혹 이를 중히 여기고 저를 경히 여김이라 너희가 하나님과 재물을 겸하여 섬기지 못하느니라" (마태복음 6장 24절)

나는 수많은 기도 응답과 말씀을 통해 믿음이 성장했고, 지금도 성장해 가고 있다. 이제는 더 큰 꿈을 가지고 앞으로 나아가려고 힘쓴다.

"아버지!" 한 마디에도
"도와주세요!" 눈물의 기도에도
"필요합니다." 구하는 기도에도
하나님은 언제나 응답해 주셨다.

야베스의 축복

2022년 새해, 기대에 부풀었다.

말씀 카드를 뽑았고, 예진이가 뽑아온 말씀 카드가 나를 눈물 나게 했다. 심장이 두근거리고 마구 떨렸다.

"그 작은 자가 천 명을 이루겠고 그 약한 자가 강국을 이룰 것이라 때가 되면 나 여호와가 속히 이루리라" (이사야 60장 22절)

"나 여호와가 속히 이루리라."

"아멘."

지금까지 기도의 응답을 기다렸고, 난 기도의 응답을 이미 받은 것처럼 기뻤다.

신년 부흥회 마지막 날, 부흥강사님이 안수기도 받고 싶은 분들은 10명 미만으로 나오라고 하셨다. 코로나 때문에 어쩔 수 없는 상황이었다.

그때 예진이가 뛰쳐나갔다.

맨 앞에 앉았고, 맨 처음으로 안수기도를 받았다. 나는 예진이를 보며 뽕나무에 올라간 삭개오가 생각났다. 키 작은 삭개오가 예수님을 보기 위해 뽕나무에 올라간 것처럼 예진이도 그랬다.

나의 하나님은 예진이의 하나님이고 예진이가 장애가 있던 없던 누구도 그 열정을 막을 수 없다는 것을 깨달았다. 나는 하나님께 너무 부끄러웠고 울면서 기도했다.

"하나님, 우리 예진이를 통해 구원의 복음이 전해지길 원합니다. 예진이를 치료해 주세요. 그럼 평생 간증하는 삶을 살겠습니다."

그날 이후 확신이 생겼다. 하나님이 예진이를 통해 반드시 일하실 것이라는…

신비한 체험

책이 마무리되어갈때 쯤 나는 신비한 체험을 했다. 기도 후에 피곤해 잠을 자려고 누웠다.

잠이 들려고 할 때쯤 몸이 이상했다.

예전 가위 눌릴 때처럼 몸이 움직여지지 않았다. 나는 왜 이러지? 하면서 예수님의 이름으로 물리칠 준비를 했다. 그런데 가위 눌림이 아니었다. 처음 경험해 본 신비한 일이 일어났다.

내 몸이 어떤 물리적인 힘에 의해 하수구 안으로 빨려 들어갔다. 너무 어둡고 음침하며 기분이 안 좋았다. 쥐들이 돌아다니고 악한 영들이 돌아다녔다.

나는 끝이 안 보이는 구부러진 통로로 정신없이 빨려 들어갔다.

멈추려 해도 멈출 수가 없었던 그때 어디선가 목소리가 들렸다.

나는 그런 목소리를 들어본 적이 없다. 웅장했고, 위엄있는 목소리가 아주 크게 내 귀에 울렸다. 나는 금방 하나님 목소리라는 것을 알았다.

하나님은 나에게 끝없이 말씀하셨고, 위엄있는 목소리는 심지어 두렵기도 했다.

나는 두려움에 귀를 막아버렸다. 그럼에도 하나님은 내가 음침한 하수구 통로를 빠져나갈 때까지 계속 말씀하셨다. 그리고 끝이 보였다.

그 통로 끝에는 마치 우주의 오로라 처럼 신비한 색들이 뒤섞여 있었다. 그리고 그곳을 빠져나왔고, 나는 너무 신비로운 광경에 입을 다물 수 없었다.

아름다운 파스텔 색 하늘 같은 공간에 말씀이 떠 있었다.

말씀은 여기저기에서 둥둥 떠올랐고, 셀 수 없을 만큼의 많은 말씀이 살아 움직였다.

너무나 신비해서 한참을 바라보다 정신이 돌아왔다.

나는 벌떡 일어나 화장실로 갔고, 가슴은 세게 뛰고 있었다.

잠을 잔 것도 아니고 영혼만 빠져나갔다 돌아온 느낌이었다. 지금도 그날 나에게 일어났던 그 체험을 잊을 수가 없다.

하나님이 나에게 뭐라고 말씀하셨는지 너무 궁금했다.

나는 알고 싶어 기도했고 아무리 기도해도 하나님은 알려주시지 않았다.

나는 하나님 목소리에 왜 귀를 막았던 걸까?

그리고 얼마 전 그 궁금증이 풀렸다.

여전히 하나님이 뭐라고 말씀하셨는지 알 수 없었지만, 내 마음에 성령님은 잔잔히 알려주셨다.

하나님은 나의 수많은 어려움 중에 함께하셨고 나를 넘어뜨리는 악한 영들의 세력에서 지켜주셨다. 위엄있는 웅장한 큰 목소리로 야단치듯 악한 세력이 나를 해치지 못하게 하셨다.

하나님 말씀을 알아듣지도 못하고 무섭게만 느껴졌던 나는 미련하게 귀를 막았다. 그럼에도 하나님은 내가 그 어둠 속을 빠져나갈 때까지 지켜주셨다.

그리고 살아계신 하나님의 말씀이 있는 곳으로 빠져나왔다.

간증 책을 만들고

나는 계획을 가지고 움직이는 사람이다.

계획이 없으면 그냥 흐지부지한 삶을 살게 된다. 그것이 때로는 손해를 가져다주기도 한다.

그래서 나는 계획 있게 사는 것이 좋다. 그런데 내가 계획 없이 저지른 일이 있다.

그건 간증 책을 제작한 일이었다.

막연하게 내 나이 80세쯤 되면 자서전을 쓰고 싶다는 생각은 했었다.

그만큼 내 삶이 평탄하지 않았기 때문이다. 그런데 이제 40대 중반인 내가 글을 쓰기 시작했다.

그리고 글을 쓸 때까지도 몰랐다. 간증 책이 될 거라는걸.

아마도 내가 간증 책을 만들 계획이 있었다면 지금 상황에는 꿈도 꿀 수 없었을 것이다.

간증 책을 만들 만큼 하나님 앞에 나의 믿음이 좋은 것도 아니었고 물질 문제를 비롯 여러 환경도 책을 만들 수 있는 상황이 아니었다.

내가 하나님을 더 찐하게 만나고 하나님 앞에 부끄럽지 않을 만큼 믿음 있는 신앙인이 된다면 간증 책 만드는 일이 어렵지 않았을지도 모른다.

분명한 건 지금은 간증 책을 만들 만큼 완벽한 타이밍이 아니었다는 것이다.

그런데 하나님은 간증 책을 만들게 하셨다.

책을 쓸 수 있도록 하나하나 열어주시며 무작정 글을 쓰게 하셨다.

글을 쓰면서 많이 울었다.

힘들게 살아왔던 내 삶이 애처로워 흘린 눈물도 있었지만 내 삶에 함께하신 하나님이 보였기 때문이었다.

창세 전에 선택하시고 지명하여 부르신 하나님이 어린 시절 교회에 다니지 않았던 그때에도 나와 함께 하셨음을 알았다.

하나님을 믿지 않고 세상을 의지하며 고통의 순간을 죽을힘을 다해 참아내던 그 순간에도, 불안함 속에 죽을 것 같은 상황에 놓여있을 때에도 하나님을 믿고 난 후 하나님 마음을 모른 채 불평만 했던 그때에도 나와 함께 하셨다. 하나님은 나를 사랑하시고 기다려주시며 지켜주셨다.

나는 그제야 나를 안타깝게 바라보시는 하나님의 눈물이 보였다. 지금껏 인격적으로 하나님을 만났다고 생각하며 신앙생활을 했다. 그러나 손톱만큼의 하나님만 알고 지냈던 것 같다. 정말 위대하시고 감히 표현할 수 없는 사랑으로 십자가를 감당하신 주님, 그 주님이 이제야 내 마음에 들어오니 너무 죄송하고, 아프고, 감사해서 눈물만 났다.

간증 책은 내가 잘 나서도 아니고 믿음이 남들보다 좋아서 쓴 것이 아니다. 당신을 몰라주는 나를 만나시려고 직접 글이 되어 오시는 기적 같은 순간이었다.

내 계획이 아닌 하나님의 계획 안에 만들어진 책, 멋지게 출판사를 통해 출간하지 않았던 책, 유창한 글 솜씨도 없고 편집도 제대로 안되어 오타가 여기저기 튀어나왔던 책, 그럼에도 책이 나오고 나니 너무 설레면서도 읽는 분들이 오타를 보고 흉보지는 않을까 내심 걱정되었고 사인을 해 달라는 분들에게 어깨를 으쓱이기는커녕 쥐구멍이라도 있다면 숨고만 싶었다.

나는 나중에 알았다. 하나님의 계획은 이런 거라는걸. 멋지게 출판사를 통해 출간하지 않은 오타투성이인 책이었다. 그래서 나의 부족함이 드러났지만 오히려 완벽한 책으로 교만해지는 것보다 완벽하지 않아 겸손한 것이 그분이 보시기에 더 좋기에 모든 상황들을 하나님은 내 생각과 다르게 계획해 놓으셨다.

내가 바라보고 생각한 완벽한 책은 그분이 바라보고 생각하는 것과 너무도 다르지 않을까라는 생각을 해본다.

그렇기에 나는 그분이 하신 일을 신뢰한다. 언제나 사람의 생각과 다르게 일하시는 분, 그분을 믿고 따라가는 것이 얼마나 감사한 일인지 모른다.

책을 만들고 나니 세상이 주는 즐거움이 다 사라졌다.

그분과의 교제가 그렇게 달콤할 수 없었다.

잠시라도 내가 세상에 시선을 돌린다면 그분을 빼앗길 것 같아 주님만 바라보려고 애를 썼다. 그리고 하나님은 나를 간증하는 자리에 세워주셨다.

"이는 내 생각이 너희의 생각과 다르며 내 길은 너희의 길과 다름이니라 여호와의 말씀이니라 이는 하늘이 땅보다 높음같이 내

길은 너희의 길보다 높으며 내 생각은 너희의 생각보다 높음이니라" (이사야 55장 8~9절)

이제야 당신이 보입니다

수없이 나의 마음에
노크를 하셔도
수없이 내 이름을
불러주셔도
내 아둔함과 미련함 때문에
주님은 보이지 않고
불평했던 긴 시간

안타까운 주님의 음성
안타까운 주님의 눈물
기다리다 기다리다
직접 글이 되어 오신 주님
나를 만나러
미련한… 나를 만나러

이제야 당신이 보입니다.
십자가에 못 박힌 두 손이
고통의 가시면류관이

당신의 목숨을 내어준
그 사랑이
그 마음이
가슴 아프게 저미는 슬픔
아프고 아프고 또 아프고

이제야 당신이 보입니다.
나를 기다려준 주님의 사랑이
주님,
긴 시간 어찌 기다려 주셨습니까.
긴 시간 얼마나 아프셨습니까.

내게 능력 주시는 자 안에서
나는 모든 것을 할 수 있습니다

처음으로 간증하던 날 1시간 전에 우황청심환을 먹고 강단에 올라섰다. 준비 찬양을 하는데 심장이 콩닥거린다. 대표 기도문만 읽어도 콩닥거리는 내 심장인데 이제 큰일 났다.

나는 어릴 때부터 발표를 못하는 아이였다. 자존감도 낮았고 나서서 뭘 한다거나 이야기하는 것조차 힘들었다.

친구들 앞에 나서고 싶었지만 밑바닥까지 내려간 낮은 자존감에 용기를 내지 못했다. 나는 간증문을 준비하고 하나님께 매일 기도하며 수없이 간증문을 읽고 또 읽으며 연습을 했다. 간증하기 전 날 화장실에 들어가 거울을 보며 연습했다. 말투도 표정도 모두 부자연스러웠다.

어떡하지! 간증문을 보며 읽고 있는 나, 말하듯 자연스러워야 하는데 이게 뭐야.

그때 마음속에서
괜찮아 처음이잖아.
그래, 처음부터 잘하는 사람이 어디 있어.

자신감을 갖자! 잘 할거야.

나는 나를 토닥여 주고 잠이 들었다.

간증하는 날, 실감이 나지 않았다.

그리고 강단에 올라서서 의자에 앉는 순간 실감이 났다.

우황청심환의 효력이 없는 것일까?

너무 떨려 계속 기도를 했다.

나는 기도밖에는 아무것도 할 수가 없었다.

하나님 도와주세요.

저 너무 떨려요.

떨지 않고 간증할 수 있도록 도와주세요.

간증문을 읽지 않게 도와주세요.

그리고 이 말씀을 되뇌었다.

"내게 능력 주시는 자 안에서 내가 모든 것을 할 수 있느니라" (빌립보서 4장 13절)

수없이 이 말씀을 되뇌고 또 되뇌었다.

그리고 나의 기도가 바뀌었다.

하나님 저는 할 수 없지만 하나님은 하십니다. 말이 둔한 모세를 들어 사용하신 하나님, 저를 이 시간 사용해 주세요.

저의 몸은 하나님의 도구입니다.

하나님 이 시간 저를 마음껏 사용해 주세요.
저의 몸을 이 시간 하나님께 기꺼이 내어 드리겠습니다.

그 순간 떨리는 내 심장은 진정이 되었고 담대함이 생겼다.
하나님이 하시겠구나.
감사합니다 주님.
그리고 강대상에 올라섰다. 신기하게 처음 시작 부분에 조금
떨리는 것 외에는 하나도 떨리지 않았다.

간증을 하는데 읽는 톤이 아닌 말 하는 톤으로 바뀌고 성령님
이 끌고 가심을 온몸으로 느꼈다. 정말 신기하고 또 신기한 체험
이었다.

하나님, 하나님이 하시는군요. 감사합니다 주님.

간증이 끝나고 박수를 받으며 강대상에서 내려오고 나서야 제정신이 돌아왔다.

나는 그 첫날의 간증을 잊을 수가 없다.

하나님이 하시는 일은 우리가 생각하지 못할 만큼 상상을 초월한다. 말이 둔한 사람도 부족한 사람도 당신이 쓰시고자 마음먹으면 하나님의 능력으로 들어 쓰신다.

나는 기대한다. 나를 들어 사용하실 하나님을 그리고 고백한다.

주님, 깨끗한 그릇으로 만들어 주세요.

하나님이 쓰시기에 합당한 그릇이 되길 원합니다.

"내게 능력 주시는 자 안에서 나는 모든 것을 할 수 있습니다."

어린아이 같은 믿음

"내가 진실로 너희에게 이르노니 누구든지 하나님의 나라를 어린 아이와 같이 받들지 않는 자는 결단코 그 곳에 들어가지 못하리라 하시고" (마가복음 10장 15절)

"엄마 나도 찬양하고 싶어."
"예진아 아직은 힘들 것 같아."
"왜?"

누구보다 찬양을 사모하는 예진이에게 아직 안 된다는 얘기를 해주었다. 하나님께 예진이를 찬양하는 자리에 세워달라고 금요 예배 때 울면서 기도한 적도 있었다. 순수한 예진이의 말을 수용해 주고 싶었지만 다른 분들에게 피해를 줄까 안된다고 단호하게 말할 수밖에 없었다. 그런데 예진이가 금요 찬양대에 들어간 것이다. 엄마가 안된다 하니 두 번 다시 묻지 않고 혼자 결정하고는 들어가 버렸다.

그리고 사랑 찬양대에 서고 싶다고 했다. 나는 강력하게 안된다고 했고 예진이도 아는지 사랑 찬양대는 선뜻 들어가지 못했다.

그런데 어느 날 당회장 목사님이 설교 말씀 중에 사랑 찬양대 단원인 한 장애인 청년의 죽음을 안타까워하시며 그 청년이 교회와서 가장 행복한 순간이 찬양대에 서서 찬양하는 것이었다고 하시며 장애가 있든 없든 찬양을 하고 싶어 하면 세우라고 하셨다.

교회에는 장애, 비장애를 따지면 안 되고 하나님 앞에 우리는 다 같은 존재라고 하셨다.

나는 목사님 말씀을 듣고 많이 울었다.

마치 예진이 마음과 내 마음을 알고 말씀하시는 것처럼 그 말씀에 위로를 받았고 또 감사했다. 예진이는 목사님 말씀을 듣고 사랑 성가대에 직접 찾아갔고 지휘자님은 예진이를 기쁘게 받아주셨다.

예진이를 찬양대에 보내놓고 걱정이 되었지만 그때마다 하나님은 당신이 보내셨다는 마음을 주셨다. 하나님은 찬양을 하고 싶다는 순수한 예진이의 마음의 소원을 들으셨다.

예진이는 참 순수하다. 어린아이 같은 믿음은 하나님을 만나는 가장 빠른 통로가 된다. 예진이는 부흥강사님이 오셔서 안수기도를 할 때에도 눈치 보지 않고 강단 위로 뛰어올라간다. 예수님을 보기 위해 뽕나무에 올라간 삭개오처럼…

어느 날 예진이가 집에서 대성통곡을 했다.

"예진이 왜 울어?"

"예수님이 십자가에서 우리 때문에 돌아가셨잖아. 너무 마음이 아파."

나는 예진이의 한 마디에 눈시울이 붉어졌다.

나는 예진이 엄마로서 부족한 예진이를 열심히 예배에 참석시키는 데 최선을 다했다.

한 번씩 뭔가 자기 뜻대로 되지 않아 고집을 부리고 짜증을 내고 실랑이를 벌여 예배를 드리러 오는 날은 너무 지치고 힘들었다. 그럼에도 함께 예배드리러 오는 것이 감사했다.

남들처럼 정상적으로 태어나지 못해 무시당할 때도 많았던 예

진이.

장애가 있다는 이유로 배척당할 때도 많았고 또 앞으로도 남은 생을 살아가는 것이 쉽지만은 않을 것이다. 그러나 이 세상은 잠깐이니 천국에서 예수님 만나 그곳에서는 누구보다 예수님께 예쁨 받으며 영원히 행복하기를 바랐다.

그런데 예진이가 하나님을 만나고 있었다.

예수님 십자가 때문에 대성통곡한 예진이가 이번에는 교회에서 대성통곡하기 시작했다.

"예진아 왜 울어?"

"내가 엄마한테 잘못한 거 하나님께 회개했어."

처음 예진이는 우는 것도 성도들을 보면서 모방을 했었다.

성도님들이 울면서 기도하는데 예진이도 그러고 싶었는지 하품을 크게 하면서 나오지 않는 눈물을 억지로 짜냈다.

나는 그 모습이 우습기도 하고 대견하기도 했다. 예진이는 모방하기를 좋아한다. 좋은 것도 나쁜 것도.

그래서 안 좋은 모방은 못하게 할 수밖에 없다.

그런데 이 모방은 괜찮았다.

그래 예진아 이렇게라도 모방하다 보면 하나님 만날 거야.

그런 예진이가 하품을 하지 않고도 그냥 운다. 그것도 입을 크게 벌리고 어린아이처럼 대성통곡을 하면서 운다.

회개할 때에도 찬양할 때에도 고난주간 때에도 예진이는 울었다.

하나님의 은혜가 예진이에게 더해지니 예진이는 특별새벽예배를 드린다고 나보다 먼저 일어나 있었다.

특별새벽예배에 꼭 가야 한다고 졸린 눈을 비비며 예진이는 하나님께 새벽에 일어났다.

하나님이 허락한 시간

2023년은 나에게 참 힘든 시간이자 감사한 시간이었다.

2023년 2월 23살 예진이가 학교 졸업의 종지부를 찍고 엄마의 껍딱지가 되어 함께 붙어 다녔다.

사실 졸업을 하고 나면 복지관에 보낼 생각으로 대기자 명단에 올려 놓았었는데 하나님은 예진이를 복지관에 보내지 않고 나와 함께 있기를 원하셨다.

함께 예배드리고 함께 봉사하고 함께 간증하는 하나님의 일에 함께 하기를 원하셨다.

나는 순종하는 마음으로 아멘 했다. 두 눈에서는 감사의 눈물이 쏟아졌다. 왜냐하면 예진이를 향한 하나님의 은혜가 너무 감사했기 때문이다.

그리고 예상이라도 한 듯 대기시켜 놓았던 복지관에서 연락이 왔다. 예진이가 복지관에 들어올 수 있다는 것이었다. 나는 다음을 기약하고 복지관뿐만 아니라 다른 기관에서도 연락이 왔지만 아무 곳에도 보내지 않고 내 옆에 있게 했다.

예진이와 이렇게 오랜 시간 붙어 다닌 적이 있었을까? 그동안 학교 다니면서 하교 후에는 활동지원사와 시간을 더 많이 보냈던 예진이었다. 생각해 보니 참 미안한 생각이 들었다.

예진이와 하루 종일 함께 붙어 다니다 보니, 예진이의 문제 행동이 더 잘 보이고 막막해서 어디서부터 바로잡아 줘야 할지 눈앞이 캄캄했다.

하지만 한번 고쳐보자는 마음으로 독하게 마음먹고 예진이를 훈련시켰다.

수없이 반복하며 나는 예진이에게 참 독한 엄마가 되었다.

하지만 현실 앞에 마음은 무너지고 뜻대로 되지 않아 예진이도 나도 참 힘든 시간을 마주했다.

그러다 보니 몇 번이고 어디 다른 기관에라도 보내고 싶다는 생각을 잠깐 했지만 하나님의 뜻을 따르기로 했다.

하나님은 예진이와 전도특공대에 들어가라는 마음을 주셔서 함께 전도특공대에 들어갔다. 그리고 열심히 예진이와 전도를 했다.

그러다가도 기분이 안 좋으면 짜증을 내고 나 또한 전도하기가 너무 힘이 들었다.

"하나님 너무 힘들잖아요."

예진이 없이 혼자 하면 마음이 홀가분할 텐데… 전도를 나갈 때마다 긴장의 연속이었다.

그러다가도 갑자기 기분이 좋으면 누구보다 전도를 열심히 하는 예진이를 보면서 나 자신이 부끄러워지기도 했다.

그런데 얼마 지나지 않아 설상가상으로 남편이 회사에서 일을 하다 사고로 팔목이 심하게 골절이 되어 핀을 9개나 박는 수술을 했다. 결혼 후 처음으로 장기간 회사 출근을 못하고 집에 있게 되었다. 8개월이란 긴 시간을 남편은 그렇게 집에 있어야 했다.

집에는 남편이 있고 예진이는 데리고 다니며 훈련을 시켜야 하고 여간 신경쓰이는 일이 아니었다.

나는 출근할 때도 교회에 가서 봉사할 때도 지인을 만날 때에도 마트에 갈 때에도 예진이를 데리고 다녔다.

처음에는 너무 지치고 힘이 들어 남몰래 울기도 많이 했다.

"하나님 너무 힘들어요." 그분 앞에서 울면서 투정도 부리고 했지만 불평하지 않았다. 왜냐하면 이 시간이 그냥 허락된 것이 아니라는 걸 알기 때문이다. 이 시간을 잘 견디고 나면 하나님의 뜻과 계획을 알 수 있기에 나는 불평보다는 감사로 하루하루를 이겨내었다.

그 시간을 하나님께 의지하며 잘 견디다 보니 신기한 일이 벌어졌다. 우리 교회 중보기도팀은 사고를 당한 남편을 위해 한목소리로 빨리 회복되기를 기도해 주었다. 남편의 부러진 팔목은 조금씩 회복되었다.

무엇보다 기적 같은 일은 교회를 띄엄띄엄 다니던 남편이 주일 예배를 한 번도 안 빠지고 다니기 시작했다는 것이다. 오랜 시간 남편이 주일마다 예배에 빠지지 않고 함께 열심히 교회 다니는 날을 꿈꿔왔다. 그런 남편이 이제 매주 주일예배에 안 빠지고 나오니 이것이야말로 기적이었다.

또한 결혼생활 내내 집안 청소나 설거지를 하지 않았던 남편이 주부가 되어 매일 청소를 하고 설거지를 해주었다.

그리고 성전으로 가 새벽기도 드리는 걸 허락하지 않았던 남편은 새벽기도를 허락했다.

남편이 사고 나기 전 나는 하나님께 이렇게 기도했었다.

"하나님이 계신 성전, 이곳에 와서 새벽예배드리고 싶어요."
"성전에서 예배드리게 해 주세요." 그 기도가 이루어진 것이다.

그리고 2024년 2월 남편이 출근을 하게 되었고 예진이는 주간 활동 서비스를 받게 되어 센터에 다니게 되었다.
예진이와 함께 지낸 시간 동안 나는 예진이의 문제행동을 조금씩 잡아 주었다. 예진이는 조금 더 나은 모습으로 센터에 다니게 되었다.
그리고 하나님은 예진이와 함께 간증을 다니게 하셨다.

나는 이번 일을 겪으며 하나님의 시간은 그냥 허락되지 않는다는 걸 깨달았다.
모든 상황이 안 좋아 보여도 감사함으로 잘 견디다 보면 하나님의 뜻을 알게 된다.
2023년은 나에게는 참 힘든 시간이었다.
그러나 잃은 것보다 얻은 것이 많았던 시간이었다.
남편과 예진이에게 집중했던 시간, 그 시간이 나는 참 감사했다.

다니엘 기도

2024년 2월 우리 교회에서 다니엘 기도가 시작되었다. 나는 다니엘 기도 기간 하나님께 올려드릴 기도 제목을 떠올리던 중 하나님은 나에게 두 가지 기도 제목을 주셨다.

첫 번째 기도 제목은 간증 책 출간이었다.

처음 하나님이 공급해 주셨던 은혜와 물질로 제작한 간증 책은 이미 다 판매한 상태였고 책을 더 제작할 물질이 없었다. 더욱이 이 책을 출판사를 통해 출간할 생각은 해보지도 않았다. 출간을 한다는 건 나에게는 또 다른 큰 문제였다.

"하나님 어떻게 책을 출간해요. 저는 가진 것이 아무것도 없어요."

그런데 이런 생각이 들었다. "내가 계획해서 내가 가진 것이 있어서 책을 만든 게 아니었지. 주님이 다 인도하시는데 나는 지금 내 환경을 바라보고 있네."

하나님이 주신 마음이면 하나님이 또 이뤄가실 테니 감사함으로 순종하며 기도해 보자는 믿음이 생겼다. 그렇게 첫 번째 기도 제목에 순종했다.

두 번째 기도 제목은 간증 프로그램에 출연하는 것이었다. 이 또한 너무 큰 산이 내 앞에 있는 것처럼 쉽게 내 입으로 내뱉을 기도가 아니었다.

나는 간증 프로그램에 출연할 만큼 믿음이 좋은 사람이 아니다. 늘 주님 앞에 부끄럽고 나약한 사람일 뿐이다. 스펙이 있는 것도 아니고 나는 무슨 명목을 가지고 출연할 것이며 또 나 같은 사람 출연시킬 만큼 방송국 또한 호락호락하지 않다.

그런데 하나님은 이런 마음을 주셨다.

뭔가 되어 있어서 하는 것이 아니다. 항상 왜 완벽한 타이밍만 찾고 있냐고 방송국 출연은 앞으로 내가 하나님께 쓰임 받을 과정 중에 하나일 뿐이라고….

그래 맞아. 내가 책을 제작할 때에도 뭐가 완벽하게 갖춰져서 만든 것이 아니었다. 내가 남들보다 뛰어나서 믿음이 좋아서 만든 것이 아니었다. 생각지도 않게 작가님을 만나 글 쓰기를 배울 수 있었던 건 내가 간증 책을 만드는 과정에 꼭 필요한 부분이라 그분이 그 시간을 허락하신 것뿐이다. 그분이 이끄시는 대로 순종하고 보니 글을 통해 인격적인 하나님을 비로소 나는 만났다.

그 책을 은혜의 도구로 주님이 사용하신 것뿐이다. 그런데 나는 또 주님이 아닌 나의 시각에서 따지고 생각하고 판단하고 있었다.

그분의 계획 속에 내가 있으니 그냥 따라가면 되는 것을. 그렇게 나는 두 번째 기도 제목에 순종했다.

다니엘 21일 기간 중 두 가지 제목을 가지고 담대하게 기도했다. 당회장 목사님 말씀처럼 모든 것을 하나님께서 이뤄주실 것을 믿으며 간절히 기도했다. 주님께 무언가 하려고 도전을 한다는건 기대가 되고 설레는 일이었다. 그리고 두 달 후 생각지 않게 물질이 채워졌다. 예진이를 통해 누군가의 후원을 통해 기대하지 않았던 일을 통해 감사하게도 두 달 만에 300만 원이 채워졌다. 참 신기한 일이었다. 나는 책 출간비라고 제목을 정해놓고 하나님이 주시는 물질을 차곡차곡 채워가는 중이다. 내 힘이 아닌 주님이 주신 힘으로 내 능력이 아닌 주님의 능력으로 하나님은 매번 당신이 하시는 일을 나에게 보여주셨다.

하나님이 일으키신 오병이어의 기적처럼 나는 주님의 기적을 체험할 수 있다는 것만으로 너무 큰 은혜를 받았다.

가진 것 없고 스펙도 없는 나여서 하나님이 주신 기도 제목 앞에 머뭇거렸지만 오히려 아무것도 없어서 오직 주님만을 의지했다.

나는 아무것도 없는 것에 그저 감사했다.

그리고 나는 cbs <새롭게 하소서>에 출연 신청서를 보냈다.

꿈쟁이 요셉처럼

　나에게는 기도의 동역자 서울 <행복이 넘치는 교회>를 담임하고 계시는 김한나 전도사님이 계신다. 오래전 전도사님을 중보기도하는 카톡 방에서 우연히 만났다. 그 인연의 시작으로 지금까지 소중한 만남이 이어지고 있다.

　전도사님은 ○○교회에서 사역하시다 2022년 기도원에 들어가셔서 20일 금식 기도 후 2023년 가정에서 교회를 세우셨다. 1명의 성도로 시작한 교회는 지금 15명 가까이 늘었다.

　처음 가정에서 교회를 세울 때 전도사님은 나에게 교회를 예쁘게 꾸며달라고 부탁을 하셨다. 나는 잘 하지는 못해도 기쁜 마음으로 전도사님 교회로 가 예쁘게 데코를 해 드렸다.

　작은 십자가를 달고 예쁜 스탠드 조명을 세우고 말씀을 붙이고 교패를 달았다. 지금은 작은 강대상이 들어오고 소소하고 작은 물질로 예쁜 교회가 탄생한 것 같아서 참 감사했다. 나같이 부족한 사람을 하나님께서 전도사님 사역에 조금이나마 동역하게 하시니 그 또한 하나님의 은혜다.

　전도사님은 전도를 참 열심히 하신다.

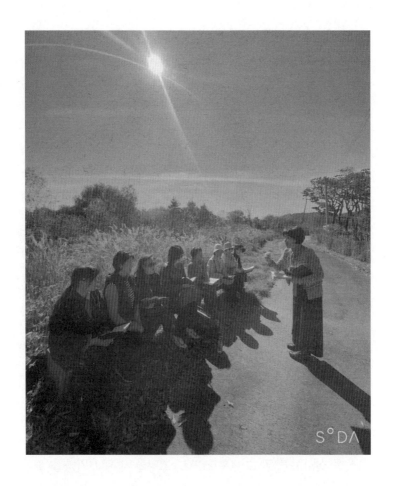

　나는 전도사님께 갈 때마다 그 열정에 도전받고 좋은 에너지
를 받아 돌아온다.

　전도사님은 부침개, 삼계탕, 커피, 떡을 준비해 걸어서 버스를
타고 전철을 타고 안 가시는 곳 없이 다니시며 섬기시고 복음을
전하신다. 한번 전도대상자를 정하면 전도가 될 때까지 전도를

하신다. 그 모습에 나는 감동을 받았다.

다리가 아파서서 오래 걷기가 힘드신 전도사님은 자전거를 배우셔서 자전거를 타고 다니시며 한여름에 닭 100마리를 삶아 삼계탕을 만들어 이웃에게 나눠드렸다.

턱없이 부족한 재정이지만 믿음으로 먼저 나아갈 때 하나님은 물질을 다 채워주신다고 하셨다.

나는 김한나 전도사님을 보면서 우리 교회 당회장 목사님과 꼭 닮으셨다는 생각을 했다.

자존감이 낮아 나 자신을 바닥에 붙어 있는 껌보다 못하다고 생각하고 살았다. 그런 내가 주안중앙교회에 와서 당회장 목사님을 만나고 난 후, 나는 뭐든 할 수 있는 사람이 되고 싶었다. 하나님만 바라보며 오직 믿음으로 나아가시는 당회장 목사님은 나에게 엄청난 도전과 에너지를 주셨다.

그런 목사님과 너무나 닮아 있는 김한나 전도사님을 만난 것도 그냥 이루어진 것이 아니다. 아주 오래전 이런 기도를 했다. 내가 지치고 힘들 때 언제라도 조언을 구할 수 있는 신앙의 멘토를 만나게 해 달라고… 그런데 하나님은 그 기도에 응답하셨다. 신앙의 멘토로 만난 분은 지금까지 기도의 동역자가 되어 주었다.

또한 서로에게 가지고 있지 않은 것들을 채워주며 신앙의 동역자로 은혜를 나누고 있다. 어느 날 전도사님께 톡이 왔다.

전도를 하기 위해 6가정에게 부침개 가루와 함께 계란을 전해

드렸는데 전도사님 마음이 기뻐 춤추는 듯 좋았다 하셨다.

하나님이 "한나야 왜 그렇게 신이나고 좋니?" 물어보셨고 그 물음에 "그냥요 오든지 안 오든지 그냥 좋아요." 주님께 드리는 고백이었다고 하셨다.

왜냐하면 주님은 전도하고자 애쓰는 그 마음을 알고, 보고 계시기에 전도사님 마음이 그렇게 기쁘고 행복했던 것이다. 나는 이 톡을 읽고 가슴이 뭉클해졌다. 행복한 전도의 발걸음이구나.

부담이 아닌 그냥 신나고 좋아서 전도하시는 복음의 발걸음이었다.

그 마음이 내 마음에 전달되니 얼마나 따뜻하고 훈훈해지던지 열매를 맺던 안 맺던 그건 하나님의 손에 달렸고 나는 매일 행복한 전도의 씨앗을 뿌리면 되겠구나 생각했다.

왜? 하나님이 기뻐 춤추는 그 모습을 알고 보고 계실 테니,

한 영혼을 사랑하는 마음으로 이웃에게 턱없이 부족한 재정이지만 그럼에도 아끼지 않고 나눠주고 그것이 너무 좋아 기쁨의 춤을 추며 오던지 안 오던지 실족지 아니하고 전도를 계속하고 계시는 전도사님의 마음과 사랑을 하나님께서 다 알고 다 보고 계셨다. 전도하기 힘들다 하는 요즈음 가정교회가 부흥이 되고 있다는 건 복음을 향한 기쁨의 발걸음 위에 하나님이 함께하셨기 때문이다.

전도사님은 100명의 성도와 성전을 놓고 기도하신다. 그 목표가 꼭 이루어지길 나는 중보기도한다.

전도사님은 성전을 놓고 기도하시고 나는 책 출간을 놓고 기도할 때 전도사님께서 "집사님 몇 부를 출간하실 계획이세요?"라고 물으셨다.

나는 소심하게 300부요.

에이~~~ 300부가 뭐예요.

입을 크게 열라 하셨으니 아버지께 3,000부를 놓고 기도합시다.

나는 그 말이 얼마나 멋지고 힘이 되었는지 정말 3,000부를 놓고 기도하고 있다.

요즘 꿈쟁이 요셉처럼 되어간다는 전도사님의 고백처럼 "주님 저도 꿈쟁이 요셉이 되어 볼게요."라고 기도한다.

<새롭게 하소서> 출연을 위해 기도 중 전도사님은 나에게 이렇게 말씀하셨다.

집사님 하나님이 계획하셨으니 이뤄가실 거예요. 집사님은 이렇게 기도하세요. 이미 그 자리에서 예진이와 함께 앉아 있는 모습을 그리고 상상하며 이미 출연한 것처럼 기쁨으로 기도하세요. 하나님은 기도 한 대로 이루어 주십니다.

나는 당회장 목사님이 떠올랐다. 늘 그렇게 기도하라고 말씀하시는 목사님, 나는 전도사님이 우리 목사님과 겹쳐지며 순간 웃을 수밖에 없었다.

"전도사님은 우리 당회장 목사님이랑 너무 닮았어요."

"전도사님 하나님께서 멋진 성전을 주시고 성도들이 구름 떼처럼, 벌 떼처럼 몰려올 것을 믿어요."

당회장 목사님이 처음 교회를 세우시고 이렇게 상상하며 기도하셨다고 하셨다.

"내가 진실로 너희에게 이르노니 누구든지 이 산더러 들리어 바다에 던져지라 하며 그 말 하는 것이 이루어질 줄 믿고 마음에 의심하지 아니하면 그대로 되리라 그러므로 내가 너희에게 말하노니 무엇이든지 기도하고 구하는 것은 받은 줄로 믿으라 그리하면 너희에게 그대로 되리라" (마가복음 11장 23~24절)

아멘.

꿈

　하나님께 두 가지 기도 제목을 놓고 계속 새벽에 기도하던 중 꿈을 꾸었다.

　교회에 다니고 있는 성도들이 하나님을 믿는다 하면서 온갖 우상들을 가지고 있었다. 심지어 그것을 팔아 돈을 벌기도 했다. 그런데 정작 성도들은 자신들이 무슨 짓을 하는지조차 알지 못하고 있었다. 나는 충격을 받았고 어떻게 하나님 믿는 자들이 우상을 가지고 있고 또 그것을 팔수 있냐며 악을 쓰며 소리를 질렀고 성도들은 나를 이상한 사람 보듯 쳐다보았다.

　나는 정신이 나간 사람처럼 그 자리를 돌아 내려왔고 내 눈에는 눈물만 계속 흘렀다.

　다리는 힘이 풀리고 당장이라도 쓰러질 듯 휘청이는데 낯선 누군가 내 뒤를 계속 따라왔다.

　나는 낯선 사람이 무섭지 않았다. 마치 내가 쓰러지기라도 할까 나를 도와주려고 따라오는 것 같았다.

　한참 걷다 벤치를 발견하고 그제야 뒤를 돌아보니 낯선 남자가 서 있었다. 그 남자는 나를 보고 이제야 안심이 되었는지 벤치에 잠깐 앉아 쉬었다 가라 했다. 저 멀리 찬양 소리가 들리고 그 남자는 그 소리를 따라 사라졌다.

벤치에 한참을 누워있다 보니 아찔한 생각이 들었다. 내가 이렇게 누워만 있다가는 마귀로부터 공격을 당할 것만 같았다. 벌떡 일어나 왔던 길을 다시 되돌아갔다. 신기하게도 다시 되돌아가는 발걸음은 힘을 얻은 듯 지치지 않았다.

그런데 그때 예진이가 보이고 저 멀리 예진이를 향해 돌진해오는 마귀가 보였다.

머리를 풀어헤친 모습은 꼭 공포영화에서나 나올 듯한 끔찍하고 섬뜩한 모습이었다. 나는 누군가에게 예진이를 데리고 도망치라 했고 달려오는 마귀와 정면으로 붙었다. 긴 손톱이 내 손등을 파고 들었고 그 힘은 엄청 세서 내가 감당할 수가 없었다. 책을 제작한 이후로 단 한 번도 꿈속에 나타나지 않았던 마귀, 그 마귀가 참 오랜만에 나타났다.

나사렛 예수님 이름으로 명하노니 떠나갈지어다! 몇 번을 외쳐도 꼼짝하지 않는 마귀, 나는 오기가 생겨 있는 힘을 다해 외쳤다. 나사렛 예수님 이름으로 명한다 떠나가라! 떠나가라! 제발 사라지라고!

그리고 마귀는 회오리바람에 휩쓸려 사라졌다.

나는 그렇게 꿈속에서 예진이를 지켰다.

꿈에서 깨어나니 내 심장은 미친 듯이 뛰고 있었다. 나는 숨을 몇 번이고 크게 들이쉬고 내쉬었다. 그래도 다행인 건 꿈속에서

258

마귀를 물리쳤으니 다 됐다고 생각했다.

그날 이후 나는 잠을 설칠 정도로 몇 번의 꿈을 더 꾸었다.

그냥 얻을 수 없는 은혜

참 설레는 맘으로 기도했다.

모든 것이 이루어진 것처럼 가슴 벅찬 알 수 없는 기쁨이 내 마음을 뛰게 만들었다.

하나하나 부어주시는 축복 그리고 은혜, 나는 언제나 하나님께 사랑만 받는 것 같아 참 행복했다. 그렇게 기도하던 중 연이어 복잡한 꿈을 꾸었다. 그 꿈은 암시라도 한 것처럼 나에게 힘든 일들이 겹겹이 다가왔다. 늘 힘듦이 나에게 없었던 것이 아니었는데 그때마다 나는 하나님을 의지하며 잘 견뎌왔다.

그런데 나는 아무것도 할 수 없을 만큼 주저앉았다. 모든 것이 멈춰버렸다. 마귀가 놓은 덫에 걸려 빠져나올 수 없는 것 같이 일어서려 해도 일어설 수 없을 만큼 몸과 영혼이 지치고 힘들었다. 나는 어떻게든 일어서기 위해 새벽을 붙잡았다. 새벽 기도를 하며 하나님께 도와달라고 기도했다. 그러면서도 나약하게 넘어진 내가 한심하고 부끄러웠다.

고작 이런 일로 넘어진 거니? 무수히 많은 어려움 속에서도 하나님을 붙잡고 잘 이겨냈는데 그러지 못하고 주저앉은 나를 보며 나 스스로를 자책했다.

주님을 만난 그 은혜가 너무 커 은혜 갚은 까치가 되고 싶다고 입술로 고백했다. 내가 그분께 할 수 있는 일, 간증 책을 출간하고 간증하며 전도하며 내가 할 수 있는 최선을 드리고 싶었다. 그런데 모든 것이 멈춰버린 시간, 주님께 그렇게 죄송했다.

그러던 어느 날 김한나 전도사님께 전화가 왔다.

내 책을 들고 cts 방송국에 가신다는 것이었다.

<새롭게 하소서>에 출연 신청서를 보내고 몇 달이 지나도 연락이 없었다. 그때 전도사님은 <내가 매일 기쁘게>에도 출연 신청서를 보내보라고 하셨고 보냈지만 역시나 연락은 없었다.

처음부터 쉬운 일이 아니었다고 생각하면서도 하나님이 주신 마음이니 하나님께서 하시겠지라는 마음으로 기도하고 있었다. 그런데 그 기도마저 할 수 없는 상태로 나는 그렇게 멈춰있었다.

전도사님은 사전에 미팅 예약 없이 무작정 가시는 거지만 하나님이 방송국 관계자를 꼭 만나게 해 주실 거라는 믿음이 있었다. 아브라함이 이삭의 아내를 얻기 위해 그의 종을 아브라함의 고향으로 무작정 보낸 것처럼, 하나님이 하시는 일이라면 약속 없이 가도 누군지는 모르지만 내 책을 건네줄 방송 관계자를 꼭 만나게 하실 거라고 그렇게 기도하며 가셨다.

나는 전도사님께 너무 죄송하고 또 감사했다

나는 이렇게 멈춰 있는데 전도사님은 저렇게 나를 위해 애쓰시는구나.

전도사님은 나에게 이렇게 말씀하셨다.

기도중 하나님께서 방송국을 찾아가라는 마음을 주셨고 당신의 성격은 어릴 적부터 해야 하는 일에는 어떻게든 해내야 한다는 깡이 있었다고 하셨다. 그런 김한나 전도사에게 하나님께서는 고현미 집사를 방송에 출연시키기 위해 당신을 사용하신 것뿐이라며 그러니 하나님께서 강권적으로 하시는 일이니 고현미 집사는 출연할 생각만 하고 어떤 간증으로 시청자들에게 하나님을 증거할지 그것만 생각하며 기도하라고 말씀하셨다.

나는 끝까지 나를 사랑하시는 주님을 보았다. 내가 지금 어떤 모습으로 그분 앞에 서 있든 그분은 끝까지 나를 붙잡고 계셨다. 주님은 나에게 그만 자책하고 일어서라고 전도사님을 통해 힘을 주시는 것 같았다. 그리고 하나님은 전도사님이 무작정 찾아간 cts 방송국에서 <내가 매일 기쁘게> PD 님과 조연출자를 자연스럽게 만나게 하셨다.

전도사님이 그분들을 만나기 위해 찾아다닌 것이 아니라 하나님이 그분들 스스로 전도사님을 찾아오게 하셨다. 생각하지도 못한 일이 벌어지고 지금의 상황은 하나님이 하시는 일이었기에 가능했다. 전도사님은 PD 님에게 내 얘기를 하시고 내 책을 건네주고 오셨다고 하셨다.

전도사님과 통화 중 갑자기 내가 꾸었던 꿈이 생각났다. 꿈에 방송국 작가님에게 연락이 온 것이다. 무엇 때문이지도 모르겠고 지금 방송국에 오라고 하는데 방송국으로 가는 길은 너무나 험난했다. 가려고 애를 써도 그 자리만 맴돌고 있었다.

작가님은 왜 아직도 안오느냐고 나에게 짜증을 냈다. 나는 죄송하다 말하고 도저히 방송국으로 갈 수가 없는 상황이니 내가 있는 곳으로 와 달라고 부탁했고 작가님은 정말 나를 만나러 오셨다. 그리고 함께 방송국에 갔고 그제야 내가 메일로 보낸 출연 신청서를 열어보았다. 그리고 얼마후 프린터기에서 대본이 나오고 있었다.

그 꿈과 지금 전도사님이 방송국에 가신 일이 겹쳐지면서 소름이 돋을 정도로 놀라지 않을 수 없었다. 그리고 이미 기도 응답을 받은 것처럼 설레었다. 하나님이 주신 마음이 아니라면 방송국으로 가는 길이 쉽지 않았을 텐데 그날은 비가 억수같이 쏟아지던 날이었다. 전도사님은 그렇게 나를 위해 하나님이 주시는 마음에 순종하여 방송국에 무작정 가셨던 거였다. 그리고 PD를 만나게 하셨다.

사전 미팅 예약이 없으면 만날 수 없는 분들, 그분들도 얼떨결에 전도사님을 만나게 되어 당황했지만 그냥 돌아가지 않고 전도사님 얘기를 들어주시고 얘기가 다 끝난 이후 이렇게 말씀하셨다고 했다.

"책 뒤에 전도사님 번호 크게 적어놓고 가세요. 그런데 큰 기대는 하지 마세요. 워낙 신청자들이 많이 밀려 있어서요."

당신들이 신중하게 고르고 골라 회의를 거쳐 선택 하는 것이니 출연을 장담할 수는 없다는 것이다. 나는 출연 여부를 떠나 나를 위해 집중하고 계시는 하나님께 너무 감사했다.

힘들어 주저앉아 있는 그 순간에도 하나님은 전도사님을 통해 일하고 계셨다.

"그가 이르되 우리 주인 아브라함의 하나님 여호와여 원하건대 오늘 나에게 순조롭게 만나게 하사 내 주인 아브라함에게 은혜를 베푸시옵소서" (창세기 24장 12절)

무작정 방송국으로 가셨던 전도사님의 기도였다.

언제 방송국에서 연락이 올지 나는 모른다.

하지만 하나님이 김한나 전도사님을 통해 그 문을 열어주셨으니 기도하면서 기다려보려 한다.

늘 그렇듯 하나님이 주시는 축복은 그냥 얻어지지 않는다. 힘든 순간을 이겨내기 위한 시간은 고통이 따르지만 그 고통을 참고 견뎌내면 주님이 주시는 축복의 은혜를 경험한다. 내가 하려고 하는 주님의 일은 그냥 쉽게 얻을 만큼 가벼운 것이 아니다.

너무도 큰 일이기에 알 수 없는 고통의 시간이 주어진 것이었다. 나는 다시 일어선다. 그리고 축복의 은혜를 받기 위해 기도하며 힘을 내어 달려가려 한다. 세상 어떤 일보다 주님의 일은 너무나 가치 있는 일이기에…

깃털처럼 가벼워진 무게

하나님 오늘도 예진이와 함께해 주시니 감사합니다.

하나님 오늘도 예진이를 나쁜 사람들에게서 지켜주시고 어둠으로부터 보호해 주세요.

예진이의 몸에 머리부터 발끝까지 예수님의 보혈의 피를 뿌리고 바릅니다.

어떤 악한 것도 예진이를 건드리지 못하게 하시고 불안증 강박으로부터 자유로워지게 해 주세요.

예수님 이름으로 선포기도 합니다.

아멘.

한절한절 예진이는 내가 불러주는 대로 따라 선포기도를 하고 센터에 간다.

하루에도 몇 번씩 강박으로 인해 불안증이 올라올 때면 예진와 나는 너무 괴롭다.

몇 번이고 그러지 않기를 바라지만 쉽지 않은 노릇이다. 강박증 약을 복용하고 있지만 예진이는 불안감으로부터 쉽게 자유로워지지 못한다.

불안감이 최고로 올라올 때에는 말이 더 많아지고 같은 말을 심하게 반복한다.

지켜보는 나는 안타깝기도 하고 나도 모르게 화가 나기도 한다.

"하나님 예진이가 불안증으로부터 자유롭게 해주세요. 하나님이 사랑하는 예진이 너무 안타깝고 불쌍하잖아요."

어느 날 하나님이 예진이의 입을 열어 직접 선포기도를 하라는 마음을 주셨다.

나는 그날부터 내 영역이 아님을 알고 예진이에게 선포기도를 시켰다.

처음에는 엄마를 따라 하는 것이 짜증이 나는지 안 하려고 했지만 이제는 잘 따라 기도한다.

예진이는 스스로 기도할 줄 몰라 엄마인 내가 대신해 주었지만 하나님은 엄마인 나를 통해 예진이 입을 열어 당신께 직접 기도하기 원하셨던 것 같다.

예진이에게 장애가 있어 믿음이 생길까 하는 의심도 있었지만 예진이는 조금씩 하나님을 만나고 있었다.

예수님의 십자가 사건이 예진이의 마음에 들어와 울음을 터트린 날, 잘못했다고 회개하기 시작한 날, 찬양을 부르며 대성통곡을 했던 날, 그 모든 순간은 예진이가 하나님의 은혜를 체험하고 하나님을 만난 시간이었다.

참 감사하신 하나님은 순간순간 예진이의 입을 열어 일하신다.

성도님들이 아플 때마다 예진이는 교역자들에게 "○○○집사님이, 권사님이 아파요. 기도해 주세요." 라고 기도 요청을 한다.

감사하신 교역자들은 예진이의 말에 정말 전화를 걸어 기도해 주신다.

또한 교회 행사가 있을 때마다 예진이는 성도님들에게 참석해달라고 끊임없이 얘기한다. 그런 예진이를 귀찮아하는 성도님도 계시지만 예진이 말에 호응하는 성도님도 계신다.

2024년 4월 14일 우리 교회는 창립 40주년 기념예배를 드렸다.

그때 예진이는 성도들에게 창립 40주년 기념예배에 참석해달라고 말했다.

바빠서 못 간다는 성도에게 예진이는 귀찮을 정도로 참석하라고 얘기했다.

예진이는 40주년 기념예배에 참석 안 하면 우리 당회장 목사님이 슬퍼하신다고 꼭 참석해야 한다고 외치고 다녔다.

끝까지 못 간다는 성도로 인해 예진이는 우울해했고 끝까지 참석한다는 말을 못 들어 예진이의 마음이 불안해졌다. 불안감으로인해 밥도 제대로 먹지 못하고 아프기까지 했다.

나는 그런 예진이를 바라보며 속상했지만 하나님은 그런 예진이를 예뻐하시고 사랑하셨다.

예진이의 상급이 참 크겠구나, 하나님은 순수한 예진이를 통해 일하고 계셨고 내 눈에는 눈물이 계속 쏟아졌다.

그리고 예진이로 인해 참석 안 한다던 몇 분의 성도님이 예배에 참석을 했다.

창세 전에 예진이를 선택하신 하나님은 예진이를 멋지게 만드시고 누구에게 맡길까 생각하시다가 나를 선택하셨다. 그로 인해 나는 힘든 고난의 시간을 마주했지만 그 고난 때문에 하나님을 만날 수 있었다.

하나님은 그 아이와 나를 사용하시려 내 눈과 내 마음이 온전히 사랑으로 예진이를 품을 수 있는 날이 올 때까지 신앙의 훈련을 혹독하게 시키시고 때가 되었을 때 하나님은 고난의 힘듦도 넉넉히 이기게 하시고 예진이와 나를 멋지게 사용하셨다.

나에게는 오랫동안 풀지 못한 숙제가 있었다. 사도 바울의 가시처럼 난 늘 그 고통의 가시를 빼어내고 싶었다. 가시와 마주하는 그 시간은 너무나 괴롭고 힘든 시간이었다. 나는 오랫동안 그 가시와 힘들게 싸우며 하나님께 간절히 기도했다.

교회에서 예쁨을 받는 예진이는 충동조절이 안되고 불안감이 올라올 때마다 그 불안을 해소하려 나를 괴롭힌다. 예진이의 불안이 해소되어야만 나는 괴롭힘에서 자유로워질 수가 있었다.

나는 3시간, 4시간 예진이에게 시달릴 때마다 너무 힘든 시간과 마주한다. 그때에는 말이 통하지도 않고 막무가내로 불안이 풀릴 때까지 통제가 안 된다. 도대체 어쩌란 말인지… 나는 그때마다 그 아이와 싸우다가도 주님을 붙잡기 위해 몸부림치듯 기도한다. 그래야 살 것 같았다. 그것이 내가 참을 수 있는 유일한 방법이었다.

　그러던 어느 날 하나님은 모든 걸 멈추게 하시고 나의 시선을 예진이에게 고정시키셨다.

　예진이로 인해 유난히 지치고 힘든 날이었다. 내 마음속에 하나님의 음성이 들렸다.

　"현미야 내가 너에게 섬길 수 있는 기회를 주었단다."

　섬길 수 있는 기회를 주었단다. 아주 짧은 시간 스쳐 지나간 그분의 '음성' 나는 순간 가슴이 먹먹해지며 감사의 고백이 흘러나왔다.

　섬길 수 있는 기회를 주셨다는 그 말씀이 그렇게 감사할 수 없었다. 하나님의 자녀로 살며 누군가를 얼마나 많이 섬기며 살았을까? 예수님은 이 땅에 오셔서 그렇게 낮은 곳으로 가셔서 섬기셨다.

　낮은 곳은 멀리 있지 않았다.

　아주 가까이 내 옆에 있었다. 주님이 주신 아픈 손가락 그 딸을 잘 섬겨보라고 주님은 나에게 기회를 주셨다. 오로지 장애 아이를 키워내는 몫이 나에게만 있는 것 같아서 가족들에게 섭섭할 때가 많았다. 그런데 섭섭할 이유가 전혀 없었다.

　하나님이 보시고 칭찬하시고 인정하시고 기억하시니 가족이 몰라줘도 괜찮다.

이 아이 잘 섬기다가 나중 천국에 가면 주님께 칭찬받겠구나 생각하니 그저 감사했다.

그 이후에 나에게 종이 한 장이 뒤집히듯 놀라운 변화가 일어났다.

돌덩이 같던 무거운 짐이 깃털처럼 가벼워졌다.

그리고 예진이가 너무나 사랑스러웠다.

똑같은 힘듦이 반복하여 찾아오지만 그럼에도 불구하고 이 아이가 너무나 사랑스럽게 느껴졌다. 주님의 평안 그 속에 내가 있었다.

이거구나, 이런 거였구나, 고통에 직면해도 깃털처럼 가볍게 느껴지는 것, 이 마법 같은 기적은 주님만이 주실 수 있는 선물이었다.

평안은 주님 그 자체로 내가 그분께 흡수되어 살아가는 것이었다. 그렇게 오랫동안 풀지 못했던 숙제를 풀고 나니 날아갈 듯 기뻤다.

아픈 가시와 마주하는 시간은 괴로움의 연속인 고통이었지만 주님은 나에게 그 과정의 시간이 꼭 필요했기에 오랫동안 나를 연단하셨다.

하나님은 나를 예진이의 손과 발이 되게 하셔서 예진이를 예배의 승리자로 만들어 주셨다.

무엇보다 당신이 하시고자 하는 일에 합당하도록 나를 훈련시키시며 고난의 길을 걷게 하시고 나를 온전히 내려놓고 주님께만

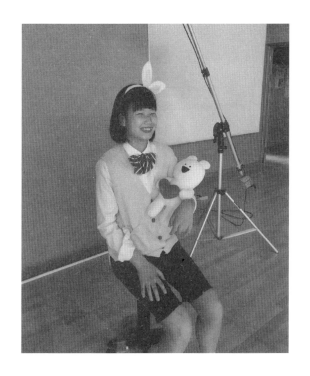

시선을 고정시키게 하셨다. 주님의 음성에 귀 기울이게 하셨고 그 음성에 순종하게 하셨다.

하나님의 일하심과 계획은 결국 시간이 지나야 알 수 있다.

예전에는 왜 나에게 장애 아이를 주셨냐고 원망했었다. 이제는 원망했던 내 모습이 너무나 부끄러웠다.

가장 특별하고 소중한 주님의 자녀를 가장 합당한 엄마라고 나를 선택해 주시고 맡겨 주셨으니 참 감사하다. 또한 주님이 인정하는 자녀로 살아갈 수 있는 기회를 얻었으니 나는 참 복 있는 사람이다.

　"임금이 대답하여 이르시되 내가 진실로 너희에게 이르노니 너희가 여기 내 형제 중에 지극히 작은 자 하나에게 한 것이 곧 내게 한 것이니라 하시고" (마태복음 25장 40절)

고린도후서 6장 10절

하나님이 나에게 질문을 하신다.
너에게 나는 어떤 하나님이니?

저에게는 아버지가 없어요.
그래서 아버지의 사랑을 알지 못해요.
그런데 주님이 저에게 다가오셔서 아버지가 되어 주셨어요.
아주 따뜻한 손길로
아주 넓은 품으로 그렇게 안아주셨죠.
그렇게 예뻐해 주셨죠.
주님은 저에게 가장 따뜻한 아버지입니다.

저에게는 바른길을 알려주는 멘토가 없었어요.
그래서 무엇이 잘못된 길인지 몰랐죠.
그런데 주님이 저에게 다가오셔서 멘토가 되어 주셨어요.
네비게이션 처럼 길을 알려 주셨죠.
어떤 길이 가장 안전한 길인지
어떤 길이 가장 좋은 길인지
그렇게 알려 주셨죠.

주님은 저에게 가장 훌륭한 멘토이십니다.

저에게는 상처가 너무 많은데 치료하는 방법을 몰랐어요.
그래서 혼자 아파했죠.
그래서 세상을 비난했죠.

그런데 주님이 저에게 다가오셔서 심리상담사가 되어 주셨어요.
제가 울 때마다, 제가 하소연할 때마다
들으시고 위로해 주시며 아픈 상처를
치료해 주셨죠.
주님은 저에게 가장 편안한 심리상담사입니다.

저에게는 비밀을 스스럼없이 털어놓을 친구가 없었어요.
그런데 주님이 저에게 다가오셔서 소중한 친구가 되어 주셨죠.
말 못 할 고민이 있을 때마다
말 못 할 비밀이 생길 때마다
주님께 다 털어놓으면
주님은 그렇게 제 비밀을 다 지켜주셨죠.
주님은 저에게 가장 소중한 친구입니다.

주님은 저에게 아버지가 되어주시고
훌륭한 멘토가 되어 주시고
심리상담사가 되어 주시고

가장 소중한 친구가 되어 주셨어요
저는 이미 다 가진 자가 되어 주님 옆에
있어요.
주님은 저에게 전부가 되어주신 하나님이십니다.

내 마음에 두 번째 질문이 들어온다.
너는 주안중앙교회에 와서 무얼 배웠니?

저는 참 괴롭고 아프고 힘든 사람이었어요.
그래서 세상에 제가 제일 힘든 사람인 줄 알았죠.
그래서 제가 가장 불행하고 불쌍하다고 생각했죠.
그런데 주안중앙교회에 와보니 아픈 분들이 많이 계시는 거예요.
너무 힘든 분들이 계시는 거예요.
나만 힘든 것이 아니었어요. 나보다 더 아프고 힘든 분들이 계시는데 그분들은 너무나 씩씩하게 잘 견디고 계신 거예요.

그분들은 오직 주님 한 분만 의지하며 주님 손 꼭 잡고 그렇게 잘 버텨 내고 계셨어요
저는 그분들 앞에 참 부끄러웠죠.
나는 그분들로 인해 세상에 나 혼자만 아프고 힘든 것이 아니라는 걸 알게 됐죠.
그리고 저 또한 주님만 바라보며 잘 견뎌내는 사람이 되었어요.

그렇게 주님이 주시는 두 가지 질문에 고백을 하고 내 눈에는 눈물이 맺혔다.

그리고 왜 질문을 하셨는지 알게되었다.

나에게 깨달음을 주시려 하신 질문들이었다. 나는 주안중앙교회에 와서 받은 은혜가 너무도 많았다.

그리고 내 마음에 말씀이 들어왔다.

"근심하는 자 같으나 항상 기뻐하고 가난한 자 같으나 많은 사람을 부요하게 하고 아무것도 없는 자 같으나 모든 것을 가진 자로다." (고린도후서 6장 10절)

아멘 아멘 아멘
하나님은 아무것도 없는 부족한 나를 이렇게 높여 주셨다.

하나님이 다 이뤄가셨습니다

2024년 7월 어느 날… 핸드폰에 낯선 번호가 울리고 나는 전화를 받았다.

"여보세요."

"안녕하세요 고현미 집사님이신가요?"

"네 누구세요?"

"저는 내가 매일 기쁘게 이수연 작가입니다."

" 아… 네~ 안녕하세요."

순간 심장이 쿵 멎는 듯했다.

나는 늘 이 순간을 꿈꿨다. 기도를 하면서 상상을 하면서 전화를 받는 꿈을… 그런데 진짜 전화가 왔다.

계란으로 바위치기라고 생각했을 때에도 나는 할 수 없지만 하나님이 하실 일을 기대하며 기도했다. 힘든 일 앞에 무작정 멈춰 있을 때에도 하나님은 전도사님을 통해 일하고 계셨다. 나는 할 수 없다고 말할 때 하나님은 모세를 떠오르게 하셨다. 언변이 부족한 모세 곁에 아론을 붙이시고 일하셨던 주님이 나를 위해 동역자 김한나 전도사님을 붙여주셨다.

그리고 말씀하신다. 지금부터 내가 행하는 일을 보라고 내가 어떻게 이뤄가는지.

　그런 하나님은 나약하고 부족한 나를 당신의 일하심에 사용하시려고 정말 이뤄가셨다.

　처음 전화를 받았을 때 나는 꿈인지 생시인지 아무 생각이 나지 않았다.

　사전 미팅 예약을 하고 작가님에게 문자를 받고 나서야 실감할 수 있었다.

　사전 미팅이 있던 날 메인작가님이 몇 가지 질문을 하셨다.

　나는 질문에 답을 하고 마지막 질문에 깜짝 놀랐다.

　작가님의 마지막 질문은

　"집사님, 집사님에게 하나님은 어떤 하나님이세요?"였다.

　출연 확정이 되기 전 이미 나에게 질문을 하셨던 하나님

　"현미야 너에게 나는 어떤 하나님이니?"

　내가 매일 기쁘게 녹화하는 날 MC 분의 마지막 질문에 나에게 하나님은 이런 하나님이라고 은혜의 고백을 했다.

　대본이 미리 짜여 있던 것처럼.

　어떤 질문을 하실지 미리 아시고 주님은 작가님보다 먼저 나에게 질문을 하셨다.

　모든 것을 하나님이 이뤄가셨다고 내가 자신 있게 말한 건 하나님은 계속 당신이 일하고 계신 걸 나에게 확인시켜 주셨기 때

문이다.

하나님이 나에게 말씀하실 때 나는 말이 안 된다고 생각하면서도 그냥 그분이 하실 걸 믿고 순종하며 기도했다.

아마도 하나님은 당신 말씀에 순종한 나를 예뻐하신 건 아닐까?

<내가 매일 기쁘게> 출연을 하고 나면 그 뒤 어떻게 나를 사용하실지 모른다.

하지만 한 가지 확실한 건 그분이 이끌어가실 일이니 그분의 뜻과 계획이 분명히 있다는 것이다. 나는 여전히 내 계획보다는 주님의 계획을 신뢰한다. 주님의 계획 안에 있는 나는 앞으로도 그분의 인도하심을 따라 이끌려 갈 것이다. 그 길이 가장 좋은 길임을 이제 알기에…

새벽마다 눈물이 난다.

이 세상에 가장 밑바닥에 있던 나를, 힘들어 울고 있던 나를 직접 찾아오셔서 구원해 주시고 주님께 쓰임 받는 가치 있는 사람으로 만들어 주셨으니 그저 감사해서 눈물이 난다.

생각만 해도 그 은혜가 내게 너무나 커서 그냥 그렇게 눈물이 난다.

나는 하나님이 참 좋다.

나를 사랑하시는 분, 그리고 내가 유일하게 기댈 수 있는 분,

내가 숨을 쉴 수 있도록 나에게 공기가 되어 주시는 분,

나의 전부이신 분, 나는 하나님이 너무너무 좋다.

글을 마무리하며

독자 여러분들께

얼마나 더 많은 간증을 담아낼 수 있을까요.

책 한 권으로는 아직도 담아내지 못한 이야기들이 머릿속에 빼곡하지만 더 중요한 건 천국 가는 날까지 하나님과 함께 더 많은 간증을 만들어가는 이야기들이 많았으면 좋겠다는 생각이 듭니다.

앞으로 나의 여정을 하나님이 어떻게 이끄실지 모르지만 나는 지금까지 그래왔듯 자석처럼 하나님께 이끌려 살아가고 싶습니다.

나는 <내가 매일 기쁘게> 출연 후 유튜브 채널을 개설해야겠다는 생각이 강하게 들었습니다. 하나님이 이 또한 필요하시기에 이런 생각을 주시는구나 생각하며 유튜브 채널을 개설했습니다. 하지만 유튜브를 찍는다는 것이 나에게는 너무나 어렵고 힘든 일이었습니다.

너무나 낯설고 조심스럽고 두려운 일이었기에 개설하고 나서도 복잡한 생각이 내 머릿속을 흔들었습니다.

하지만 하나님은 지금까지 준비되어 있지 않았던 부족하고 연약한 나를 통해 간증 책을 만들게 하셨고 간증을 하게 하셨고 간증 프로그램에 출연하게 하셨습니다. 그렇다면 이 또한 하나님이 허락하신 시간이라면 하나님께서 잘 해낼 수 있도록 이끌어 주시겠지 라는 생각으로 담대하게 유튜브를 시작했습니다.

유튜브를 시작한다는 건 <내가 매일 기쁘게> 출연하는 그 순간까지도 생각하지 않았습니다. 녹화날 함께하셨던 권오중 집사님이 아픈 아들과 함께 유튜브를 찍어 많은 사람들에게 은혜를 나누는 간증을 들으며 도전을 받았습니다.

그때에 권오중 집사님을 만나게 하신 것도 하나님의 계획하심에 있었다는 걸 또 한 번 느끼며 모든 것은 내가 하는 것이 아니라 하나님이 하시는 것임을 다시 한번 고백합니다.

이 책을 읽은 분들마다 제 얘기로 끝나는 것이 아니라 하나님이 이끌어가셨던 모든 기적 같은 순간들이 은혜로 다가왔으면 좋겠습니다. 지금껏 나는 너무 힘든 고난의 시간을 걸어왔지만 그 시간이 절대 헛되지 않았음을 고백합니다.

하나님은 우리가 고난받기를 원하시는 분은 아니시지만 우리를 고난 속에 가만히 두시는 이유는 오랜 고난의 시간이 걸리더라도 그 고난을 통해 우리가 조금씩 깨달아가며 성숙해져서 주님께 더 가까이 나아오기를 기다리시고 계십니다.

그 기다림은 우리가 당하는 고난만큼이나 애절하고 가슴 아프

시지 않으실까요?

이 책이 그런 책이 되었으면 좋겠습니다.

읽는 것으로만 끝나는 것이 아니라 하나님의 마음을 들여다보고 하나님을 깊이 만나는 은혜의 통로가 되는 그런 책이 되기를 간절히 소망하며 글을 마치려 합니다.

책을 만들 수 있도록 기회를 주신 하나님과 또 책을 읽어주신 모든 독자 여러분께 감사드립니다.

"고난당한 것이 내게 유익이라 이로 말미암아 내가 주의 율례들을 배우게 되었나이다." (시편 119편 71절)

예수님

가시덤불 나를 에워싸
상처만 가득 웅크리고 있을 때
조용히 다가와 내 이름을
불러 주신다.

사방을 둘러보니 나를 에워싼
가시덤불 사라져
어느샌가 나의 상처를 싸매주고
치료해 주시는 따뜻한 손길

누구십니까?

그분의 이름을 여쭤보려
고개를 드니
그분의 온몸은 나를 위해
가시덤불 걷어주다 생긴 상처로
성한 곳 하나 없는데
나의 상처만 싸매주고 계셨다.

누구십니까?

조용히 미소 지으며 말씀하시는
다정한 목소리
나는 너를 살리려 험한 길 마다하지 않고
너를 찾아온 하나님의 아들 예수란다.

내 두 눈에 터져 나온 눈물이
그분의 상처난 두손을 적시고
옷자락 찢어 그분의 상처
살며시 닦아 드린다.

얼마나 아프십니까?

환하게 웃으시는 그분의 목소리
내가 너를 지명하여 불렀나니 너는
내 것이라.
사랑하는 자녀야
내 상처가 너로 인해 생겨도
아프지 않은 것은 내 상처보다 너를
사랑하는 마음이 더 크기 때문이란다.
너는 내 목숨과 맞바꾼 사랑이란다.

나의 두 눈이
그분의 따뜻한 눈과 마주치고
그제야 용기내어 조용히 불러본다.
예수님 예수님
당신은 나의 아버지입니다.